地势坤，君子以厚德载物。

A SHORT HISTORY OF WORLD WAR II

极简二战史

NIGEL CAWTHORNE
[英] 奈杰尔 · 考索恩 著
钱峰 译

浙江人民出版社

图书在版编目（CIP）数据

浙江省版权局著作权合同登记章
图字：11-2018-62

极简二战史 /（英）奈杰尔·考索恩著；钱峰译
.—杭州：浙江人民出版社，2018.9
ISBN 978-7-213-08854-4

Ⅰ.①极… Ⅱ.①奈… ②钱… Ⅲ.①第二次世界大战—历史 Ⅳ.① K152

中国版本图书馆 CIP 数据核字（2018）第 159154 号

极简二战史

JIJIAN ERZHANSHI

（英）奈杰尔·考索恩 著
钱 峰 译

出版发行 浙江人民出版社（杭州市体育场路 347 号 邮编 310006）
责任编辑 张世琼
责任校对 姚建国
装帧设计 车 球
电脑制版 顾小固
印 刷 河北鹏润印刷有限公司
开 本 880 毫米 × 1230 毫米 1/32
印 张 8.5
插 页 2
字 数 188 千字
版 次 2018 年 9 月第 1 版
印 次 2018 年 9 月第 1 次印刷
书 号 ISBN 978-7-213-08854-4
定 价 42.00 元

极简二战史

A Short History of World War II

目录

引　言

第二次世界大战是 20 世纪最重要的事件，但不能将第一次世界大战视作它的序幕。第一次世界大战主要发生在欧洲和中东地区，而第二次世界大战还席卷了亚洲和太平洋地区。

第二次世界大战缘起于第一次世界大战。第一次世界大战期间，俄国十月革命推翻了沙皇独裁统治，建立了红色苏维埃政权。奥地利和德国的君主统治被颠覆，成立了孱弱的民主政府。

在第一次世界大战中，意大利曾是英国和法国的盟友，后来又成为美国的盟友。作为战胜国，意大利对战后安排不满，由此产生的经济危机引发了政局动荡。1922 年，法西斯独裁者贝尼托·墨索里尼（Benito Mussolini）趁势上台。当时，阿道夫·希特勒（Adolf Hitler）还是奥地利的一名退伍军人，在巴伐利亚领导着一个小型政党，并视墨索里尼为自己的偶像。

希特勒觉得德国并没有输掉战争。事实是，1918 年 11 月 11 日，一纸休战协定为这场大战画上了句号。次年，在凡尔赛召开的和平会议上，德国被迫接受一项和平条约。该条约将德国武装部队削减至小国水平，向德国征收赔款并剥夺德国的殖民地、缩小德国边界。

第一次世界大战期间，日本曾是英国、法国和美国的盟友。虽然日本极少参战，但日本对盟国的供给促进了其自身发展。第一次世界大战结束时，日本一跃成为军事和工业强国。然而，在凡尔赛会议上，日本原本志在必得的远东和太平洋地区的德国殖民地只得到一半。日本代表团愤而离席。

不过，中国山东省的德国租界被划给了日本，而非交还中国，这很快引发了冲突。日本认为，在亚洲大陆的扩张是解决战后经济衰退问题的良药，军国主义者在日本开始掌权。与此同时，在德国和意大利，法西斯政府开始掌权。一场有史以来规模最大、最具毁灭性的军事冲突蓄势待发。

在第一次世界大战中，参战者使用了多种新式武器——尤其是坦克和军用飞机。这需要制定能使战争变得快速而流畅的新策略。战争变成了一个工业过程，不再仅限于各路大军打阵地战或跨越固定战线交火。这意味着平民以前所未有的程度卷入了战争。制造武器的工厂工人和他们的家人被杀害、被打残、被恐吓，无家可归。

据统计，约 7000 万人在第二次世界大战中丧生。至于有多少人受伤或终身残废，尚未有可靠的数字。单单苏联就死了约 1800 万人，其中包括平民。希特勒的疯狂之举导致德国约 428 万人死亡，500 万名军人受伤。中国（因笔者掌握的资料有限，本书未单列章节介绍第二次世界大战时期发生在中国的历史事件，请谅解）约有 131 万名军人死亡，171 万名军人受伤。[①] 在战争中，数千万平民死于轰炸、屠杀、饥荒和战争所造成的疾病，具体数字仍是未知。

日本约有 130 万名战斗人员死亡，400 万名战斗人员受伤，约 67 万名平民丧生。波兰约有 567 万人死亡，战后人口大约是战前的 20%。俄国和南斯拉夫的人口减少了 10% 左右。570 万犹太人在集

① 据不完全统计，在抗日战争中，中国军民伤亡 3500 万人以上。——译者注

中营里遇害。

英国约有 35 万人死亡，其中包括 92 673 名平民。此外，有 277 077 名军人受伤。英联邦总共有 466 045 人死亡，475 047 人受伤。美国有 298 131 人死亡，其中包括 6000 名平民，还有 671 801 人受伤。

在英国，约 30% 的房屋在伦敦闪电战中被毁坏；法国、比利时、荷兰和希腊约有 20% 的房屋被毁；波兰约 30% 的建筑物被毁。

美国战略轰炸调查团的报告显示，在德国 49 座大城市中，39% 的房屋被毁；在日本，30% 的城市居民失去房屋和财产，66 座日本城市的建成区有 40% 的区域沦为废墟。

1945 年，欧洲约有 2100 万难民，其中超过 50% 是被迫离开故土，被强制劳役的。

战争期间，印度遭遇饥荒，却将食物用于支援英国及其武装部队，这对于印度来说无异于雪上加霜。中国遭遇洪灾，疫病肆虐，但大多数医院却被毁坏。

据估计，交战国在这场战争中所消耗的财富超过 10 000 亿美元。这还不包括因壮丁被屠杀，商店、工厂和基础设施被毁坏而造成的经济损失，以及强制劳工的无偿贡献。没有人能用金钱来衡量这场战争所带来的苦难和损失。

第二次世界大战的后果远不止于此。战后，欧洲乃至世界分崩离析，双方阵营都凭借战争期间开发的核武器和弹道导弹相互对峙，各不相让。这场武装对峙——即冷战（Cold War）——一直持续到 1989 年柏林墙倒塌，或者说持续到 1990 年德国统一。

奈杰尔・考索恩，布鲁姆斯伯里

▲ 1945 年 8 月 6 日，日本广岛，原子弹爆炸。

第一章

战争之路

写完《我的奋斗》一书三年后，阿道夫·希特勒又写了一部未取名称的书，不过他并没有将其出版。他意识到，绝不能让自己坚定不移的信念被别人察觉。他认为第二次欧洲大战不仅是不可避免的，而且是有必要的，这是捍卫德国生存空间的唯一方法。

“每个健康、未遭破坏的国家都会认为获取新领地并没有什么用，但这种事却自然而然地发生着……禁止世界上存在此类争夺的人也许能够消除人与人之间的争斗，但与此同时也泯灭了世界上最强大的进化力量。”希特勒写道。

这是希特勒在 1928 年的想法，也是后来他掌权期间的外交政策的基石。希特勒认为，德国注定要与斯拉夫国家进行一场生死较量，以此证明雅利安人的优越性。如果德国人被证明是当之无愧的赢家，奖赏不仅有一望无垠的肥沃耕地和几乎无限供应的奴隶，还有克里米亚和乌克兰的丰富自然资源。这些地区有大量的油田，这对维持一个现代国家的经济及其战争机器至关重要。

据他身边的一名助手说，希特勒“对战争有一种病态的需求”。

希特勒曾经对手下指挥官透露，“发动攻击的需求”一直是他天性的一部分，即将到来的战争就是他过往内心斗争的一种延续。他认为，战争是政治的终极目标，侵略者可以借此机会“净化”原属于“不够格和无价值之人”的土地。

据希特勒的一名助手说，希特勒“对战争有一种病态的需求”。他曾经透露“发动攻击的需求”是自己的天性，战争不可避免。

▲ 艺术作品：在集中营，三个年轻男人拼命推着铁矿石往山上走。每个人都不得不服从命令，否则就没有好下场。

1933 年的希特勒还没有能力在欧洲发动一场战争。当时，德国军队人数不足 10 万，这是德国受到为第一次世界大战画上句号的《凡尔赛和约》制约的结果。就连波兰军队规模也是德军的两倍，法国军队则比德军更加精锐——回想起 1914—1918 年第一次世界大战期间的惨痛教训，德国此时最好采取防守策略。德国军队驻扎在马其诺防线（Maginot Line）后面，这是一条位于比利时和瑞士之间、平行于德国边境、由碉堡和地堡所组成的防线，全长 390 千米。此外，位于德国西部边境的莱茵区不对德国军队开放，以充当法国和德国之间的缓冲带。

希特勒十分清楚，如果公然无视《凡尔赛和约》重整军备，就是为法国出兵进入德国提供借口。于是，他的第一个策略是于 1933 年 10 月要求法国和英国削减军备。其实，他的如意算盘是，对方肯定会拒绝。这使他有了从日内瓦裁军会议上撤回德国代表团并退出国际联盟的借口。

希特勒的第二个策略是于 1934 年 1 月与波兰签订为期 10 年的互不侵犯条约。此举破坏了协约国之间的关系，给了波兰人一个推迟军队现代化的理由。

煤炭资源丰富的萨尔区曾被国际联盟接管，作为德国赔款支付方式的一部分。但依照《凡尔赛和约》的规定，在当地居民投票支持重新统一后，该区被归还给德国。这为德国的重整军备计划提供了丰富的燃料。1935 年 3 月，希特勒宣布成立德国空军，由赫尔曼·戈林（Hermann Göring）指挥，并实行征兵制。这两项举措公然违反了《凡尔赛和约》。

接着，希特勒询问英国自己能否扩建德国海军，承诺规模不会超过英国舰队的三分之一。令人难以置信的是，英国同意了。1935 年 10 月，意大利独裁者贝尼托·墨索里尼入侵阿比西尼亚（今埃塞俄比亚），这表明国际联盟不堪一击，反德国家组成的脆弱联盟彻底瓦解。

在国内，希特勒开始迫害犹太人。他把德国在第一次世界大战中战败以及 20 世纪 30 年代经济萧条的原因都归咎于犹太人的破坏。在纳粹统治下，反犹主义成为政府政策。纳粹制定了一系列旨在将犹太人排挤出德国公共生活的法律：犹太人不得在行政部门工作、不得接受教育、不得上大学、不得接受药物治疗、不得进入新闻界。

1935 年的《纽伦堡法案》剥夺了犹太人的国民权利，并禁止犹太人和非犹太人通婚。

四年计划

1936 年，希特勒启动“四年计划”。该计划保证，到 1940 年之时，德国在西欧发动一场全面战争的一切条件都将成熟。计划的第一步就是减少德国对石油、橡胶和铁矿石的进口，方法是生产合成燃料和橡胶，并增加低品位铁矿石储备。

工厂生产的物资重新武装着德国。与此同时，戈林手下的未来德国空军飞行员进行着秘密训练。他们打着“参加航空运动联盟”的幌子，使用滑翔机。旧的骑兵团被解散，士兵开始熟悉小型装甲车的机动性和火力。坦克很快从生产线上开了下来。坦克指挥官接受训练，学习掌握一种全新的、快速移动的机械化战争形式。它被称为“闪电战”，由海因茨·古德里安（Heinz Guderian）将军和其他富有远见的军官所发明。

收复莱茵区

希特勒下一步是派兵进驻莱茵区。这是一片方圆 9450 平方英里（约 24 475 平方千米）的德国领土，与荷兰、比利时和法国接壤。根据 1925 年的《洛迦诺公约》规定，莱茵区是非军事区。希特勒明白，如果他能收复包括重要城市科隆在内的莱茵区，他在国内的声誉将会提升。于是，1936 年 3 月 7 日上午，一支由 22 000 人组成的德国军队进入这片非军事区。

一支 2000 人的分遣队继续朝科隆进发，士兵们事前接到秘密指令，如果中途法国人提出反对，分遣队就掉头回来。然而，在路上连一个法国士兵的影子都没有见到。

"收复"莱茵区后，希特勒"人气飙升"。与此同时，希特勒把煤炭和武器出售给意大利人，双方联手在从 1936 年 7 月持续到 1939 年 3 月的西班牙内战中打击共产主义。

▲ 1940 年 6 月，墨索里尼和希特勒共乘一辆车驶过慕尼黑。西班牙内战使两人聚在一起。

奥地利

希特勒接着把目光投向了奥地利，那里是他出生的地方。1932年，也就是他出任总理的前一年，他才成为德国公民。20 世纪 30 年代早期，活跃在奥地利首都维也纳的纳粹党员多达 4000 人。1933 年 3 月，唯恐发生武装叛乱的奥地利总理恩格尔伯特·陶尔斐斯 (Engelbert Dollfuss) 下令禁止纳粹党活动。

1934 年 7 月，希特勒派遣一支由 150 人组成的党卫军部队跨越边境。他们身穿奥地利制服，任务是冲击奥地利内阁和杀死陶尔斐斯，但奥地利内阁调动部队逮捕了这些党卫军。

陶尔斐斯的继任者是他的副手库尔特·冯·许士尼格（Kurt von Schuschnigg）。1938 年 2 月 12 日，希特勒把许士尼格传唤到自己位于贝希特斯加登的巴伐利亚居所，要求他解除对奥地利纳粹党的禁令，并把纳粹党人安排到关键部门。许士尼格被迫举行公投，让奥地利人民选择独立或德奥合并，即与德国结盟。

1938 年 3 月 11 日，公投的前一天，许士尼格得知希特勒已经下达了侵略奥地利的命令。他选择了辞职，其继任者是亲纳粹的阿图尔·赛斯－英夸特（Arthur Seyss-Inquart）。第二天上午，德国第八集团军跨过边境，不费一枪一弹就占领了希特勒的老家。当天晚些时候，希特勒出现在林茨，那里是他长大的地方。

马德里，1939 年：西班牙长枪党在庆祝胜利。

据估计，有7万名社会主义者和帝国的“敌人”遭到逮捕和囚禁。就连许士尼格也被关押了7年。他还算幸运，很多犹太人从家里和店铺里被拖出来，被逼着清洗人行道。

捷　克

300万名德国人生活在捷克斯洛伐克西部边境内的苏台德地区。1938年4月24日，在希特勒的唆使下，以康拉德·亨莱因（Konrad Henlein）为首的苏台德德国党，要求苏台德地区的德国人实行自治。

其实，他们心里十分清楚捷克斯洛伐克总统爱德华·贝奈斯（Edvard Benes）肯定会拒绝。于是，亨莱因手下的暴徒发动骚乱，德国人以此为借口备战。希特勒定好了侵略捷克斯洛伐克的日子——9月30日。

1938年9月15日，英国首相内维尔·张伯伦（Neville Chamberlain）飞往贝希特斯加登，想为双方和解做最后的努力。希特勒表示，如果捷克人交出苏台德地区，他就下令手下军队解除战备状态，并“郑重起誓”自己会尊重捷克的主权。

陷入危机：内维尔·张伯伦在贝希特斯加登受到希特勒及其首席翻译保罗·施密特（Paul Schmidt）的欢迎。张伯伦的绥靖政策使捷克斯洛伐克人付出了沉重的代价。

张伯伦在民众的欢呼声中回到伦敦。接着，英国和法国强迫捷克斯洛伐克政府交出苏台德地区。1938 年 9 月 22 日，张伯伦飞到德国，满心以为自己已经成功地安抚住希特勒这个独裁者了，以为签订协议只是走过场。英法提议捷克斯洛伐克军队和警察有序撤离苏台德地区，不料遭到希特勒拒绝，他要求捷克斯洛伐克军队和警察立即撤离。

这并非虚张声势。希特勒做好了战争的准备：德国陆军从原先的 7 个师扩充到 51 个师，有 5 个重型装甲师和 4 个轻型装甲师；德国海军实力也很强大，拥有 2 艘 31 200 吨位的战列舰、2 艘巡洋舰、17 艘驱逐舰和 47 艘潜艇；德国空军有 21 个中队，配备的是在西班牙内战中积累了经验的飞行员；德国军火工业产量不断上升。

回到英国后，张伯伦谈道："一个遥远的国家内纷争不断，而我们对争吵的双方一无所知。"

1938 年 9 月 30 日，希特勒和墨索里尼在慕尼黑与英国首相和法国总理会晤，墨索里尼提出一项和平倡议，其实是表达了希特勒的要求：捷克斯洛伐克人必须在 10 月 1 日之前撤出苏台德地区，并交出其主要防御工事和重工业；作为回报，协约国保证新边界的安全。

捷克斯洛伐克政府在这个问题上没有发言权，自认别无选择，只能签署《慕尼黑协定》。

捷克斯洛伐克武装部队此时做好了战斗的准备，贝奈斯总统却完全失去了信心，认为英国和法国不会守信。

1938 年 10 月 1 日，第一批德国军队开进苏台德地区，一路如入无人之境。

德国军队进入苏台德地区。

“我们这个时代的和平”

此外，张伯伦还迫使希特勒签署了一份仓促起草的声明，这份声明确认英国和德国将在未来出现纠纷的情况下进行合作。返回伦敦后，他扬扬得意地挥舞着这张声明说，他捍卫了“光荣的和平”和“我们这个时代的和平”。但温斯顿·丘吉尔（Winston Churchill），这位多年来反复而徒劳地提出德国重整军备具有危险性的保守党议员，他表示这只是“清算的开始”。

希特勒并不在意外国人是怎么想的。他加大了迫害犹太人的力度，将所有的波兰犹太人赶出德国。17 岁的青年赫舍尔·格林斯潘 (Herschel Grynszpan) 的父母被驱逐出境，他因此持枪行刺德国驻巴黎大使。两天后，即 1938 年 11 月 9 日，大使死亡。

随后，纳粹对犹太人的店铺、生意和礼拜堂展开了有组织的攻击。几十名犹太人遇害，数千名犹太人被逮捕并送往集中营。这一夜被称为“水晶之夜”或“碎玻璃之夜”。德国人侵法国时，法国交出了格林斯潘。1943 年后的某天，他在被德方拘留期间消失不见，并于 1960 年被宣告死亡。

1939 年 3 月 14 日凌晨，希特勒在柏林总理府接见捷克斯洛伐克新总统伊米尔·哈卡 (Emil Hacha)，向他下了最后通牒。哈卡要么邀请德国陆军前去平息捷克斯洛伐克国内子虚乌有的骚乱，让捷克斯洛伐克成为德国保护的国家；要么眼睁睁看着布拉格被德国空军炸成一片废墟。

哈卡吓得当场犯了轻微的心脏病，被迫签署了一份请求德国出兵“保护”的声明和一份要求捷克斯洛伐克军队放下武器的命令。第二天上午10时，一列德国装甲车趾高气扬地驶过布拉格的鹅卵石街道。

太小，太迟：波兰的命运

捷克危机期间，德国向波兰执政的军政府提出，只要波兰在开战的时候与德国结盟，德国到时候就分波兰一杯羹。波兰拒绝了，希特勒勃然大怒。接着，他逼迫波兰签署《反共产国际协定》，共同对抗苏联。波兰再次搪塞过去。

1939 年 1 月，希特勒对波兰人失去了耐心。他在贝希特斯加登接见波兰外交部长约瑟夫 · 贝克（Josef Beck）上校，反复要求波兰归还波罗的海港口但泽（波兰称之为格但斯克，此前《凡尔赛和约》规定但泽为自由市），以方便德国在将德国和东普鲁士隔开的波兰走廊建造四通八达的公路和铁路。贝克拒绝了。

英国和法国当初没有出手帮助民主国家捷克斯洛伐克，现在却宣布做好了参战支持政变后上台的波兰军政府的准备。希特勒放话说，他会让英国“吃不了兜着走”。

3 月 15 日，德国军队开进波希米亚、摩拉维亚和斯洛伐克——原先是捷克斯洛伐克的领土，从三面包围了波兰。4 月 3 日，希特勒下达最高机密指令，军队务必在 9 月 1 日之前入侵波兰。入侵计划是君特 · 布鲁门特里特 (Gunther Blumentritt) 上校、格尔德 · 冯 · 伦德施泰特（Gerd von Rundstedt）元帅和埃里希·冯·曼施坦因（Manstein）元帅的成果，不过希特勒声称是自己制订的。

5月23日，希特勒召集德国将军级别高层开会，透露了自己“尽快攻打波兰”的决心。鲁道夫·施蒙特（Rudolf Schmundt）中将表示：

> 我们不能指望再次上演捷克事件。一定会打仗……元首怀疑与英国和平解决的可能性……如果我们成功占领荷兰和比利时，打败法国，那么就奠定了打赢英国的基础……不流鲜血，就不会进一步取得成功。

大战前夕

希特勒认为，接下来的战争影响有限，很快就会结束，不会发生世界大战，因为英国太颓废、法国太堕落、美国太不感兴趣。哪个国家也不会为了波兰而大动干戈。

8月21日，希特勒完成了他计划的最后一步——纳粹德国和苏联签订了互不侵犯条约。该条约包含一项秘密协定：德国入侵波兰之后，苏联将会得到波兰的一半和波罗的海国家——爱沙尼亚、拉脱维亚和立陶宛。

苏联之所以和德国站在一边，不仅因为这项协定，还因为它没有做好战争的准备，军队的装备也很陈旧。

希特勒现在只需要一个可以让其发动侵略的借口。

▲ 1939 年 11 月，希特勒的精锐部队攻入布拉格。在处决了三个捷克抵抗者后，占领军实行了戒严。

第二章

欧洲战争

A Short History of World War II

第二次世界大战的第一枪是由“已死之人”打响的。1939 年 8 月 31 日，党卫军从一个靠近波兰边境的集中营挑选了十几名男犯人，命令他们穿上波兰军装，并将他们枪毙。随后，党卫军佯攻位于波兰

德军的一列装甲车驶进波兰，引发了欧洲战争。

边境的格列威茨的德国无线电台。

他们广播了一则简讯，声称波兰方面进攻德国，并将尸体丢弃，假装这是在袭击中死亡的波兰人。

这次袭击的代号为“希姆莱行动”。

现在，纳粹可以“报仇”了。

1939 年 9 月 1 日黎明时分，一支德国大军跨过长达 1250 英里（约 2000 千米）的波兰边境。紧接着，英国和法国下令总动员。英、法驻柏林大使向德国外交部传达了相同的信息：如果德国不从波兰撤兵，英国和法国就会“毫不犹豫地履行对波兰的义务”。

英国规定了德国从波兰撤兵的期限——9 月 3 日上午 9 时整。超过这一期限两小时后，英国首相内维尔·张伯伦对德宣战。中午，法国驻柏林大使打电话给德国外交部长约阿希姆·冯·里宾特洛甫（Joachim von Ribbentrop），后者表示德国拒绝停止侵略波兰。法国于当天下午 5 时整对德宣战。

9 月 1 日，55 个德国装甲师和摩托化步兵师进入波兰。波兰方面迎战的只有 17 个步兵师、3 个步兵旅和 6 个骑兵旅。波兰从 8 月 31 日才开始调动兵力，13 个师正朝各自的集结区域赶去，9 个师还在营地紧急集合。德国人拥有现代武器和装备，但波兰的大部分武器还是 20 世纪 20 年代的旧货，以至于德国装甲车的对手是挥舞着长矛的波兰骑兵。波兰空军有 842 架老旧飞机，德国空军却有 4700 架现代飞机。德国飞机破坏波兰的公路、铁路、桥梁和发电站，轰炸城市，引起一片恐慌。

英国和法国并不能帮助波兰。法国军队准备的是防御，而不是进攻，而英国远征军派出的第一批士兵，直到10月3日才抵达法国里尔。

不过，法国在9月7日的“萨尔行动”中向德军发动了进攻，结果是一败涂地。为了避免破坏比利时的中立立场，法国人只好在莱茵河和摩泽尔河之间的边境上打仗——这是当初拿破仑在滑铁卢战败之后划分的边界，旨在防止法国侵略他国。德方占据着法国境内的高地和丘陵。德国在房子里设置陷阱，并在地上精心安置了反坦克和防步兵地雷；法国人却没有探雷器。在法国境外还有齐格菲防线，这是德国在20世纪30年代修建的一道防卫墙。要想攻打这道防线，法国就必须把大炮运到德国炮台的射程范围内，德国炮台是用混凝土浇筑的，固若金汤。法国的155毫米口径炮弹毫无作用，更重的220毫米口径和280毫米口径炮弹与延时引信不匹配，没等炮弹穿透德国炮台，自己早就爆炸了。虽然法军火力快速而精准，但由于很多炮弹是第一次世界大战时期的，因此并没有引爆成功。

▲ 1939年9月，波兰遭遇纳粹空袭，很多平民是德国俯冲轰炸机的受害者。

在波兰，德国展示了新战术“闪电战”的效果和威力。一列列装甲车驶过波兰平坦的土地，波兰的任何防守行为都逃不过俯冲轰炸机的炮火。9 月 8 日，一支德国装甲部队来到波兰首都华沙的城郊，在短短 7 天内行进了 140 英里（约 225 千米）。德军攻势凌厉，到 9 月 10 日，波兰的防守兵力仅剩少数的孤立军队。

9 月 13 日，法军认为波兰战役已经失利，于是下令中止了原本就战果寥寥的萨尔区挺进行动。

9 月 17 日，苏联军队从东面进入波兰。第二天上午，波兰政府和统帅部穿越罗马尼亚边境，流亡他国，官方抵抗到此结束。但华沙驻防部队一直坚持到 9 月 28 日。与此同时，恐怖轰炸和密集炮火把城市炸得满目疮痍，压根儿不考虑老百姓的死活。

波兰军队的最后兵力坚持到 10 月 5 日，游击战则持续到冬天。至此，作为独立国家的波兰不复存在。

▲ 1939 年 9 月，纳粹十字旗耀武扬威地飘扬在波兰上空。

1939 年 9 月 27 日，希特勒告诉属下，要立即对法国发起进攻，一雪德国第一次世界大战失败的前耻。不过，希特勒先以瓜分波兰为基础提出了一项和平协议。英国和法国都拒绝了。接着，协约国发现德国在荷兰和比利时边境不断增兵，各国越发感到不安。不过，这年秋天下起了暴雨，这意味着希特勒不得不一连 13 次推迟进攻。由于这段时间没有动静，所以被称为“假战争”。

侵占波兰之后，犹太人被迫佩戴黄色的大卫之星，以识别身份。在德国占领的土地上，犹太人被逼集中起来居住。

争夺挪威

时任英国海军大臣的温斯顿·丘吉尔计划在挪威海域布雷，以阻止瑞典铁矿石出口到德国。英国内阁还授权丘吉尔为英军登陆挪威港口纳尔维克做准备。

希特勒担心的是，如果英国拿下挪威，英国就会封锁德国港口，并通过波罗的海威胁德国本土。1940 年 4 月 9 日，在挪威法西斯党领导人维德孔·吉斯林（Vidkun Quisling）的纵容下，希特勒入侵挪威，这是他第一次在战争中动用伞兵。吉斯林得到的回报是在一名德国专员的监督下出任“首相”。同一天，德国国防军迅速占领丹麦，瑞典保持中立。

英国和法国做出回应，各自派遣军队前往挪威。5 月 27 日，经过与德军的激烈拼杀之后，英法拿下纳尔维克。

当时，德军已经向法国发起攻击。拿下纳尔维克几天后，驻扎在此地的 25 000 名协约国士兵被迫撤离，挪威落入德国手中。

法军装备不好，不适合发动攻击。然而，人们普遍认为法军做好了防守的万全准备——1939 年，法国拥有一支由 80 万人组成的常备军，是当时欧洲最大规模的军队。41 个师的兵力守卫着马其诺防线，所有的人都以为它牢不可破。虽然比利时边境上没有防御工事，但却有 39 个师的防守兵力。

法国士兵推着一辆弹药车穿过马其诺防线中央深处的隧道。

荷兰军队拥有 40 多万名应征入伍的士兵。然而，荷兰并没有参加第一次世界大战，因此荷兰军队毫无现代战争的经验。5 月 10 日，德军派出 7 个师的兵力发起攻击。

此次，德军用了伞兵，伞兵占领了鹿特丹、摩尔迪和多德雷赫特等地的重要桥梁，德国第九装甲师开到荷兰各地与空降部队会合。5 月 11 日，荷兰防守部队和法国第七军撤退到布雷达，法军此前加速穿越了比利时境内 140 英里（约 225 千米）的行程，赶来协助荷兰军队。

5 月 12 日中午，德国坦克开到鹿特丹郊外。荷兰军队退回“荷兰要塞”保卫阿姆斯特丹和乌特勒支，这是马斯河和瓦尔河北面的区域。荷兰军队既没有飞机，也没有高射炮，无力应对德军空袭。

5 月 13 日，威廉明娜女王（Queen Wilhelmina）及其政府逃往英国，挪威国王哈康七世（Haakon Ⅶ）及其政府不久也逃到英国避难。德军扬言，如果荷兰人继续抵抗，他们就轰炸鹿特丹和乌特勒支。5 月 14 日，荷兰投降。但由于德国的通信失误，鹿特丹还是遭到了轰炸。

德国对法国的主攻是通过侵略比利时进行的。5 月 10 日，德国伞兵乘滑翔机降落在埃本 - 埃马尔要塞上方，用炸药包将其炸毁，并攻占了主要桥梁。德国侵略军只有 4 个军团、1 个装甲部队和 500 名空降兵，但空袭和恐怖轰炸很快产生了巨大影响。

军情告急。

5 月 10 日晚，张伯伦辞去首相职务，由温斯顿 · 丘吉尔接任。丘吉尔组成了新政府。

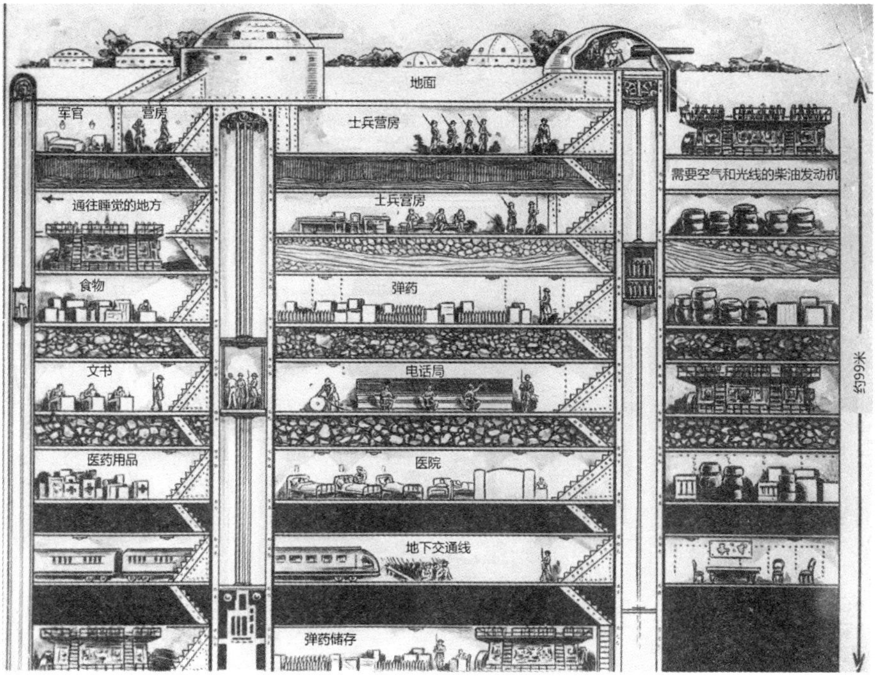

马其诺防线炮位的截面图（深约 99 米）。

第二天，比利时战线崩溃，德军坦克顺利从后方攻占列日市。比利时军队撤退到迪莱河沿岸防线，在这里与英法军队会合。为了遏制德军的攻势，两个坦克师发动了一场严密策划的战役。5 月 15 日，迪莱河战线溃败。

第一次世界大战期间，军队都会从列日市和那慕尔之间这片特别适宜坦克行进的区域发起主攻。此次有所不同，德军经由阿登森林这条狭窄战线展开猛攻，法国原以为这种地形无法使用坦克，因为山路曲折难行，运送粮草是个难题。

也是在 5 月 10 日，德国陆军元帅格尔德・冯・伦德施泰特派出 150 万名士兵和 1500 多辆坦克——德军在西部三分之二的兵力以及

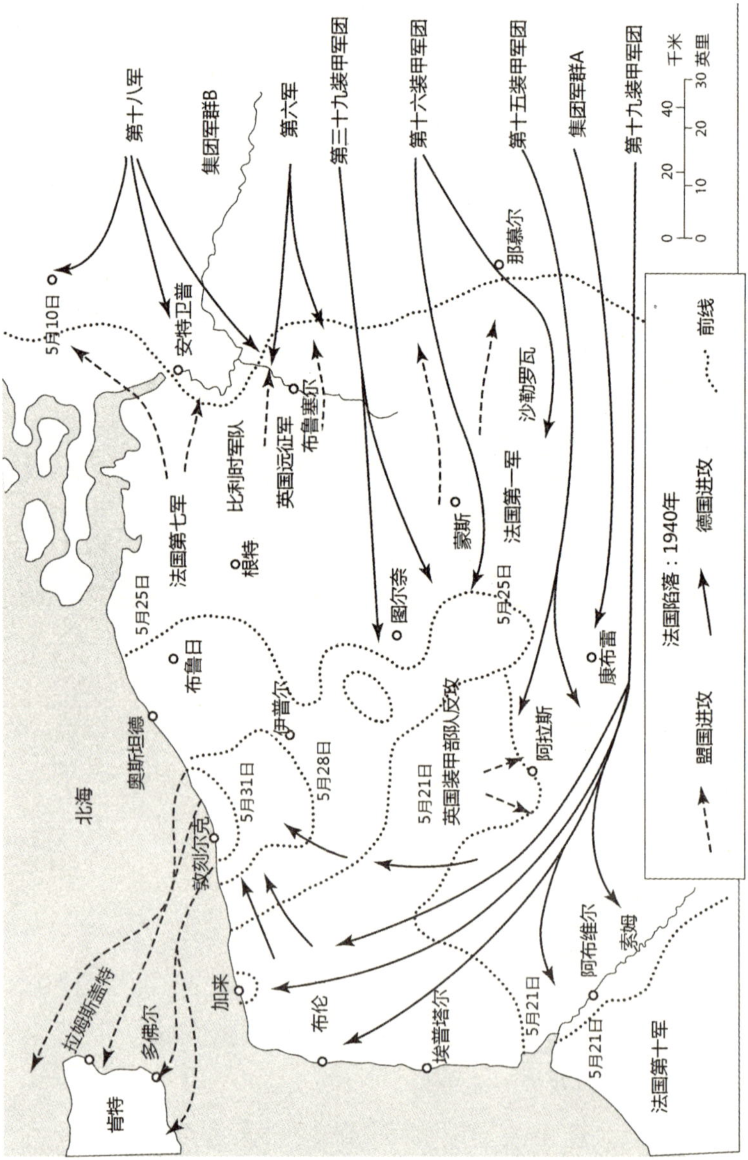

▲ 1940年6月，德军入侵法国。

四分之三的坦克——攻打防线最弱的部分，这部分的防守力量只有12个步兵师和4个骑兵师。一支部队穿过卢森堡，在短短三个小时内行进30英里（约50千米），抵达比利时边境。另一支装甲部队穿过森林，在三天之内抵达法国。步兵紧随其后。法军万万没想到德军会在这个区域发动进攻，这里没有高射炮或反坦克炮迎战德国的俯冲轰炸机和装甲部队。

5月11日，赶来增援的法国骑兵师被迫撤退到瑟穆瓦河。

1940年，比利时，一座被毁的桥挡住了德国坦克前进的道路。

敦刻尔克之路

5月13日，南岸的法国防卫部队在德国俯冲轰炸机的火力下溃败。之后，德国步兵在塞丹乘竹筏和橡皮艇横渡默兹河——1870 年法国就是在此地输掉了普法战争。法军只有少量飞机，而德军的后盾是 1000 架飞机。第二天，德军坦克渡河。

5 月 15 日，德军坦克把法国剩余的防卫部队打得落花流水。据估计，德军可能会在两天之内抵达巴黎，不料，德军却向西朝英吉利海峡行进。第二天，德军先头部队在旷野里前进了大约 50 英里（约 80 千米）。其后，这支先头部队与横渡列日河赶来的牵制部队会合，法国军队溃败。

法国和英国本以为德军会和第一次世界大战时一样，先穿越比利时国土抵达海岸，然后向南行进，却不料，德军朝南进入法国，然后绕一个弧突然向北，此举被称为“镰刀收割”（或“镰刀闪击战”）。在这条“装甲走廊”上，南北盟军之间的一切通信遭到破坏，已经进入比利时的法军和英军面临着被包围的威胁。

早在 5 月 19 日，英军指挥官戈特子爵（Viscount Gort）就曾考虑将英国远征军从海上撤回，不过当时英国政府还没有接受战败这个难以避免的事实。于是，5 月 21 日，他从阿拉斯向南朝德军右翼发动进攻，意图突围与南边的法军会合。

那时，德军先头部队已经横扫法国布伦和加来。敦刻尔克是英吉利海峡上唯一可供英国远征军撤离的港口。盟军在敦刻尔克外的卡纳运河沿岸设下了最后一道防线。5 月 24 日，德军正准备渡过运河，一举拿下敦刻尔克，希特勒却下令停止前进。

德国俯冲轰炸机此时已经将领空占为己有，不过等靠近海岸后，他们才发现自己处于对岸英国空军的炮口之下。然而，戈特子爵并没有守住阵地，德国空军炸毁了敦刻尔克。

实际上，戈特子爵并没有能力冲破德军的“装甲走廊”。由于缺乏物资和弹药，5月25日，他下令英国远征军退到敦刻尔克。英国政府决定不再做无谓的牺牲。自5月19日起，伯特伦·拉姆齐上将（Admiral Bertram Ramsay）就一直在为撤离敦刻尔克做准备，备齐小船的指令也已经下达。此次撤离被称为“发电机行动”。

从5月26日开始，在比利时的英军撤回敦刻尔克，比利时军队只得独自对付德军。5月27日，比利时军队溃败。第二天，利奥波德国王（King Leopold）投降。他没有选择逃亡，而是一直被软禁在布鲁塞尔，直到战争结束。

既然戈特子爵不再是威胁，希特勒下令继续攻打敦刻尔克。不过，英军借此前的间隙巩固了防御。德军接到继续进攻的命令后，遭到了英军相当激烈的抵抗。希特勒立即下令装甲部队停止进攻，他认为最好保存装甲部队的实力，留作后面对付马克西姆·魏刚（Maxime Weygand）将军所领导的剩余的法军。

▲ 1940年6月，英国远征军从敦刻尔克撤离。英军士兵躺在地上射击德军飞机。

业余水手

德国空军开始轰炸敦刻尔克港口，誓毁之而后快。不过，港口布满弹坑的防波堤仍能发挥效用，很多部队得以乘大型运输机飞走。其余部队在长达 10 英里（约 16 千米）的海滩直接乘船离开，士兵在此集合，登上了主要由业余水手驾驶的小船。英国、法国和比利时一共有 848 艘船只参与了这次撤离行动，这些船各式各样，大小不一，有驱逐舰，也有私人摩托游艇。在 8 天时间内，约有 34 万人被救走，其中三分之二是英国人，只是他们丢弃了多数装备。

1940 年，“闪电战”期间，德国道尼尔 Do 217 型轰炸机在伦敦码头区的锡尔弗敦区域上空飞过。照片中央附近位置可以看到西汉姆的赛狗场。

另外还有 22 万名盟军士兵在瑟堡、圣马洛、布雷斯特和圣纳泽尔等地得到营救。不过在三个星期内，德军俘虏了 100 多万人。

英国远征军如今已安全返回英国。然而，法国战争还没有结束。魏刚将军麾下仍有 49 个师的兵力，另外还有驻守马其诺防线的 17 个师。可是，德军有 140 个师，其中 10 个是坦克师。6 月 5 日，德国国防军开始从索姆河向南挺进。法军遏制住了德军，但只坚持了两天。

6 月 7 日，埃尔温・隆美尔（Erwin Rommel）少将率装甲部队朝西南方向突围。两天后，德军横渡塞纳河。同一天，6 月 9 日，德军朝东南方向挺进，然后快速赶往瑞士边境，打败了仍驻守在马其诺防线的法军。

法国战败已成定局。

1939 年 5 月 22 日，墨索里尼和希特勒签订了军事同盟盟约，称为《钢铁盟约》。1940 年 6 月 10 日，墨索里尼对法国和英国宣战，6 月 20 日，意大利大约 30 个师跨过法国边境。

随着德军的逼近，保罗・雷诺（Paul Reynaud）所领导的法国政府离开巴黎，向南逃亡。6 月 14 日，德军进入巴黎。雷诺于 6 月 16 日辞职，由上了年纪的副手菲利普・贝当（Philippe Pétain）元帅接任。贝当元帅是法国最有名望的第一次世界大战老兵。同一天，曾任雷诺政府国防副部长的夏尔・戴高乐 (Charles de Gaulle) 将军抵达伦敦。

当天晚上，贝当政府请求停战。在双方商量停战条件的同时，德军继续行进，吞并了法国三分之二的国土。

1940 年 6 月 22 日，德法双方代表在贡比涅会面，1918 年为第一次世界大战画上句号的停战协议就是在这里的一个火车车厢里签订的。希特勒来到贡比涅，亲眼看着新的停战协定在同一个车厢签订。这个车厢随后被运到德国，并于 1945 年 4 月被毁掉，原因是德方唯恐车厢再次落入盟军之手。

1940 年的停战协议把法国一分为二。法国北部，从瑞士边境到英吉利海峡以及大西洋西部沿岸到西班牙边境为德国军事占领区。法国其余地区和海外领地交由贝当傀儡政府领导，政府所在地是维希。

6 月 18 日，戴高乐在伦敦通过广播呼吁法国继续抗战，还在伦敦组织了自由法国军队。

法国战败已是定局，但还是有人希望做最后一搏。此刻，英国只

▲ 凯旋门前的德国军队。纳粹在法国前进的速度让所有人大吃一惊，包括希特勒本人。

能孤军奋战。海军力量非常重要，英国政府认为不能任由此时被维希政府实际控制的法国海军落入德国之手。英国将自己所控制的港口的所有法国船只夺过来，不过法国在阿尔及利亚的米尔兹比克港的海军基地还有一支庞大的舰队，阿尔及利亚当时属于法国殖民地。

1940 年 7 月 3 日，英国船只出现在阿尔及利亚海岸。结果，法国舰队既不肯加入盟军，也不肯开往中立港，于是英军开火，一举将舰队歼灭，1297 名法国水手被杀。

不列颠之战

1940 年 6 月 18 日，温斯顿 · 丘吉尔面对一屋子鸦雀无声的下议院议员说：“魏刚将军所说的‘法国战争’结束了。我期待‘不列颠之战’打响。”此时，报复完法国的希特勒再一次试图讲和，他表示，自己只要欧洲大陆，不会动英国分毫。当看到英国不愿意妥协，希特勒再次开始备战。

希特勒认为，英国根本不是德国的对手。在大不列颠和爱尔兰，只有 29 个师——包括加拿大的 2 个师和 8 个独立旅，其中 6 个是装甲旅。德国兵力是英国的 4 倍，英国寡不敌众。而且，英军装备不良。到 6 月 8 日时，英军只有 72 辆坦克。坦克数量后来有所增加，8 月增至 200 辆，9 月增至 438 辆，但这些坦克都已经老旧落后。

1940 年 6 月，英国本土部队仅有 420 门野战炮和 163 门重炮，分别能发射 200 膛和 150 膛。有 44 门 2 磅炮在坦克面前发挥不了作用。英国需要 75 毫米火炮，法国战争实践证明，它们是坦克杀手。

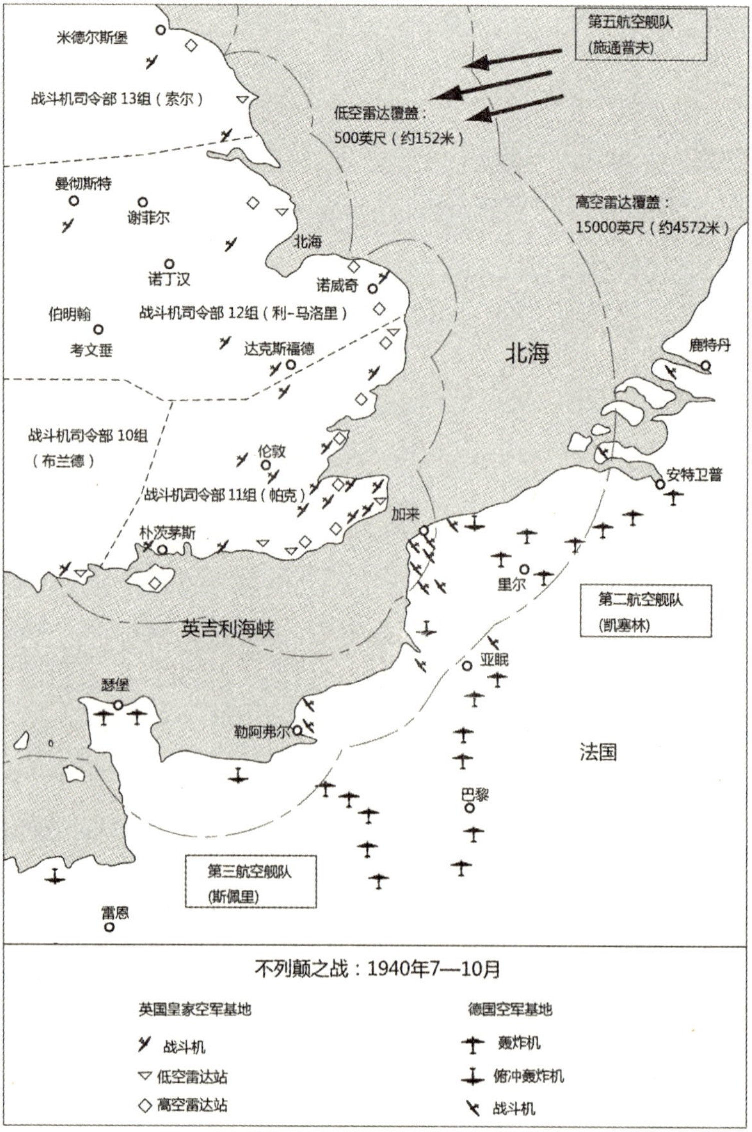

不列颠之战时期英国和德国空中力量分布。

幸运的是，美国允许英国收购法国所签订的武器合同。英国的订单包括 900 门 75 毫米火炮，每门配备 1000 发炮弹，还有 50 万支步枪，但只能用现金支付，并要自行将武器运回英国。英国商船队完成了此次运送任务，一路上安全躲过了德国的 U 型潜水艇。

在法国战败后的将近一个月内，希特勒不以为然，希望英国会妥协。1940 年 7 月 16 日，希特勒签署第 16 号元首令，批准实施“海狮行动”，入侵英国。

英国也没有虚度这一个月。英国加快武器生产，为防御做准备。

“海狮行动”定于 8 月 25 日开始实施。德军有 41 个师，其中 6 个是装甲师，3 个是机动师，此外还有 2 个空降师。德国第十六军将在拉姆斯盖特和黑斯廷斯之间登陆，第九军将在布莱顿和利特尔汉普顿之间登陆，并派一支分遣军前去占领怀特岛。格尔德・冯・伦德施泰特元帅所带领的军队将进攻格雷夫森德、赖盖特和朴茨茅斯沿线。稍后，在科唐坦半岛上集结的第六军将在韦茅斯和莱姆里杰斯之间的多塞特海岸登陆。第六军攻打布里斯托尔，并派一支分遣军前去占领德文郡。与此同时，第九军将突破英军在北当斯的防线，从瑞丁横渡泰晤士河，然后从西面包围伦敦。

不过还有一个问题。德国海军指挥官埃里希・雷德尔（Erich Raeder）元帅指出，即使他征用渔船和内陆水道的所有船只——这本身就会对食物供应和军工生产造成毁灭性打击，他也无法把第一批 13 个师的士兵运送过去，虽然士兵数量已经大大减少了。而且，英国皇家海军仍是一支强劲的战斗力量，雷德尔认为自己不能给予侵略舰队足够的保护。于是德文郡从计划中删除，侵略军数量减少到 27 个师。

▲ 英国皇家空军飓风战斗机飞行员。近 3000 名人员参加战斗，其中三分之一伤亡。

▲ 不列颠之战时期，一队喷火战斗机飞过英国海岸。

德军的作战舰队不够庞大，不能给登陆英国海滩的士兵以必要的炮火支援，德国空军也无法提供全面的覆盖。为了入侵英国海滩，德军在法国桑加特和布伦之间的海岸上修建了一座座巨大的炮台。为了在先头突击部队上岸之后提供支援，德军还发明了水下坦克。

水下坦克是具备防水功能的普通装甲车，配有一根柔软的通气管，为引擎和坦克里的人输送空气。水下坦克由特殊登陆艇运到近海抛下，下沉到 25—30 英尺（7.5—9 米）深的海底，然后自行开到海滩上。德军在北海叙尔特岛进行的实验表明，水下装甲车运行良好。即便如此，德国陆军还需要俯冲轰炸机的支援，首先必须派斯图卡式俯冲轰炸机大举进攻，破坏英国的海防。为了达到这一目的，德军必须抢夺空中优势。

1940 年 8 月 1 日，希特勒签署第 17 号元首令，命令德国空军尽快击败英国皇家空军。德国空军要在空中与英国皇家空军一较高下，并攻击皇家空军的地面设施和供应中心。德国空军要轰炸英国的飞机制造厂和高射炮制造厂，还要攻击英国接收补给物资的港口。德国此时还不准备对英吉利海峡的港口下手，因为这些港口在侵略期间还用得着。

德军调动 3 支航空部队打击英国。航空部队分别从挪威、丹麦、比利时、荷兰和法国北部起飞，共有 2442 架飞机，其中有 969 架重型轰炸机、336 架俯冲轰炸机、869 架单引擎战斗机和 268 架双引擎战斗机。

虽然英国皇家空军的战斗力——约有 620 架战斗机——远远比不上德军，后者有 1137 架战斗机，但英国并没有坐以待毙。1940 年 1—7 月，战斗机生产从每月 157 架上升到 496 架。然而，英国皇家空军缺乏训练有素的飞行员—— 一共只有 1134 名飞行员。于是，英国皇家空军从空军海防总队和海军航空兵部队调来飞行员救急，还成立了 1 个捷克飞行中队和 4 个波兰飞行中队，起用的是从东欧逃过来的飞行员。

死亡之翼

一方面，英国皇家空军的飓风战斗机和喷火战斗机比德国的双引擎梅塞施密特 Bf110“杀手”战斗机——也被称作“戈林的愚蠢之作”——速度快得多，操作也更加灵活；另一方面，单座的梅塞施密特 Bf109E 战斗机比飓风 MK1 战斗机速度快，与刚出现在前线空军中队的喷火 MK1 和 MK2 战斗机速度差不多。Bf109E 战斗机的爬升速度比英国战斗机快，但英国飞机的操作更加灵活；英国战斗机配有 8 挺机枪，比德国战斗机火力更猛。供不应求的喷火战斗机在当时是无可匹敌的拦截机。

德国重型轰炸机不是英国飓风战斗机和喷火战斗机的对手，尤其是在白天，而且也不具备足够大的载弹量给对方以致命的打击。英国飞行员发现，德国俯冲轰炸机可以轻易被击落，德国战斗机无法对其进行全面保护，因为它们的飞行距离有限。

英国还有其他优势。自 1938 年以来，英国拥有世界上最先进的雷达防御系统，从西南部的兰兹角一直延伸至设德兰群岛。这样一来，英军能够及时发现来犯的德国飞机，指挥官可以尽快派出战斗机，不至于在地面坐等被敌军发现并摧毁。有了这样的雷达信息，控制中心可以通过无线电指挥战斗机拦截敌人，将德军打得措手不及。

战事在英国本土进行，因此英国能够营救己方被击落飞机的飞行员。相比之下，如果德国飞机被击落，那么飞机和机组人员就在劫难逃了。

6 月和 7 月，初步的进攻就已经展开，不过空战在 8 月 8 日才正式开始，德国一天派出多达 1500 架飞机轰炸英国的飞机场和雷达站。其间，8 月 8 日、8 月 11 日和 8 月 12 日，英国皇家空军损失了 88 架飞机，德国空军损失了 145 架飞机。8 月 13—17 日，英国皇家空军损失了 184 架飞机，德国空军损失了 255 架飞机。这场空战代价昂贵，戈林把第五航空队从挪威和丹麦撤出，还撤回了斯图卡式俯冲轰炸机。不过，到 8 月下旬，从局势上看，德国空军即将打赢这场战争。

英国的重要机场被炸得到处是弹坑。由于雷达站和设在机场的作战中心被炸，英国皇家空军的作战效率持续降低。停在地面的飞机不断被炸毁，空中作战的协调变得更加困难。

德军的飞机损失也开始增加。8 月 24 日—9 月 6 日，德国空军损失了 378 架飞机，英国皇家空军损失了 262 架。从数字上看，英国的飞机损失数量比德国少了约 45%，略占上风。但实际上，德国损失的只是轰炸机和战斗机中的一部分，而英国损失的却是极为珍贵的战斗机和经验丰富的飞行员。英国战斗机司令部只剩下不到 1000 名飞行员，所有的飞行员必须每天数次执行任务，迫切需要休息。每天都有 15—20 名飞行员死亡或受伤，战斗机司令部危在旦夕。

事情的转机是一次意外事件的发生。

8 月 24 日深夜，一架德国飞机意外轰炸了伦敦的非军事目标。丘吉尔当即下令对柏林采取报复性行动。第二天晚上，81 架双引擎轰炸机飞往德国首都。不过，只有 29 架飞机成功抵达，其余飞机在途中迷路了。这次轰炸造成 8 人死亡，28 人受伤。柏林所受的损害微乎其微。但希特勒曾经承诺德国人民，柏林被轰炸这种事情永远不会发生，盛怒之下他废除了 8 月 1 日的元首令，下令对伦敦实施恐怖轰炸。英国首都即将遭受与华沙和鹿特丹一样的“待遇”。

德国随后的持续轰炸行动被称为“闪电战”，开始于 9 月 7 日，330 吨炸弹被投向伦敦。这场恐怖轰炸行动后来扩大到利物浦、考文垂和其他城市。虽然英国民众在轰炸之下吃尽了苦头，但德国空军目标的转移给了英国空军喘息的空间。9 月 7—30 日，英国皇家空军击落德国飞机 380 架，自己则损失了 178 架。

9 月 15 日是周日，德国空军的进攻在这一天达到顶峰，德军发动了一系列袭击。英国防空部队声称击落了 185 架德国飞机，这一数字后来下降到 56 架。然而，这并不重要。重要的是，英军在空中击败了德军，他们击落敌方轰炸机的速度超过了德国工厂生产轰炸机的速度。

到 10 月 31 日，德军损失了 1733 架飞机，英国损失了 1379 架，皇家空军损失了 414 名飞行员。1940 年 8 月 20 日，丘吉尔对下议院说：“在以往人类战场上，从没有这样一场以少胜多的战争。”他的话并没有夸张。

即便如此，希特勒还是继续为“海狮行动”做准备。第九军和第十六军在登船地点集结。一支由 2500 艘运输船、拖船、驳船、小艇和渔船组成的舰队在从勒阿弗尔到鹿特丹的各港口集结。这支舰队后来受到英国皇家空军的攻击。

9 月 11 日，希特勒宣布从 9 月 14 日开始“海狮行动”的倒计时——9 月 24 日黎明时分开始登陆。到 9 月 14 日，他决定将登陆时间再推迟 3 天，即使 9 月 27 日是潮水有利行动的最后一天。从 10 月起，英吉利海峡就会出现大风大浪，到时候入侵英国将成为不可能的事。

9 月 17 日，希特勒再次下令推迟“海狮行动”。9 月 19 日，德国舰队四下散开，以防英军再次轰炸。德军白天继续对英国城市进行袭击，一直持续到月末，但是德军损失惨重。

10 月初，德国空军改为夜间轰炸。到 10 月末，人们才意识到不列颠之战结束了。

在接下来的几个月里，德国空军继续开展“闪电战”，对英国的大城市实施夜间轰炸。1941 年 2 月，轰炸有所放松，但到了 3 月和 4 月，又开始频繁轰炸。飞机出动架次约有 1 万架次，轰炸主要集中在伦敦东区。不过，德国空军再没有把注意力转回英国飞机场。

次年春季，希特勒把目光投向了东方。

入侵克里特岛

在准备进攻苏联期间，希特勒开始把其他中欧国家，如匈牙利、罗马尼亚、斯洛伐克、保加利亚和南斯拉夫纳入轴心国。随着德国接二连三地取得成功，意大利开始意识到自己只是德意《钢铁盟约》的初级合伙人。墨索里尼想为自己占一些地盘。在没有告知希特勒的情况下，他派遣了一支 15.5 万人的军队，穿过 1939 年就遭到意大利侵略的阿尔巴尼亚的边境，进攻希腊。

英国宣布支持希腊防御，向雅典附近的内陆空军基地派出军队和飞机。普洛耶什蒂的罗马尼亚油田此时正处于英军的攻击距离内，而油田对于德国进攻苏联至关重要。希特勒别无选择，只能出手帮助墨索里尼。3 月，南斯拉夫王国首都贝尔格莱德发生了针对亲轴心国政权的政变。

德国决定在意大利的支持下侵略南斯拉夫王国，并顺势进攻希腊。德军闪电突袭巴尔干半岛，迫使英军撤退。5 月 11 日，除了克里特岛之外，希腊和爱琴海诸岛已经落入德军之手。

英国不想放弃克里特岛。该岛离埃及亚历山大港只有 500 英里（约 800 千米），离利比亚托布鲁克港只有 200 英里（约 320 千米）。托布鲁克港是英国在北非的防御堡垒，只能由海运补给，如果德国占领了克里特岛的飞机场，那么托布鲁克港就会非常危险。

▲德国入侵克里特岛期间，动用了伞兵。虽然行动成功了，但空降部队损失惨重。

代价高昂的占领

1940 年 4 月 25 日，希特勒签署第 28 号元首令，下令侵略克里特岛。他公开表示德军必须在 5 月之前占领克里特岛，这样他才能集中精力进攻苏联，而进攻的时间定在 6 月。希特勒手下的指挥官们遵命行事，但却付出了惨重的代价。4000 名德国士兵被击毙，损失了 300 架飞机。这些资源本可以更加有效地用在苏联战场上，而且希特勒事后并没有把克里特岛当作占领地中海中部的基地。

盟军牺牲了 4000 人，12 000 人被俘，此外还有 17 000 人在德军眼皮底下撤离。在双方交火过程中，英国皇家海军损失了 2 艘驱逐舰和 3 艘巡洋舰。

对德军来说，这是一场有名无实的胜利。德国伞兵损失惨重，之所以取胜，全因为人多势众。事实证明，德国伞兵师在有备而战的地面部队面前战斗力很弱。德军在为时 8 天的克里特岛战役中的损失比整个巴尔干战役还惨。希特勒表示“极其不满意”。

克里特岛战役之后，希特勒禁止大规模使用伞兵，后期侵略塞浦路斯和马耳他的计划也只好放弃。

第三章

沙漠战争

A Short History of World War II

法国沦陷之后，墨索里尼担心希特勒会与英国讲和，阻碍他侵占地中海地区的野心。

早在 1911 年，利比亚就处在意大利的控制之下。因此，当英国拒绝希特勒的提议之后，墨索里尼把注意力转向埃及——自 1882 年起，埃及就一直在英国手中。他命令鲁道夫·格拉齐亚尼（Rodolfo Graziani）元帅向东进攻埃及的英国军队，英军的指挥官是阿奇博尔德·韦维尔（Archibald Wavell）将军。

1940 年 9 月 13 日，意大利第十军占领埃及边境小港口塞卢姆。意军接着向埃及境内挺进 50 英里（约 80 千米），于 9 月 16 日占领位于西迪巴拉尼的英军基地。6 个星期后，由理查德·奥康纳（Richard O' Connor）中将率领的英国西部沙漠部队开始实施“五日进攻”，于 12 月 10 日迫使意军撤出边境。得到澳大利亚军队支援之后，西部沙漠部队继续进攻，于 1941 年 1 月 21 日攻克利比亚东北部的托布鲁克港。

2 月 7 日，意军投降。在此之前，被英军逼退 500 英里（约

800 千米），13 万名士兵被俘，400 辆坦克和 1290 门火炮被缴。西部沙漠部队势如破竹，原本可以攻克的黎波里，但此时其补给线拉得过长，丘吉尔打算把兵力和资源转移到希腊。

托布鲁克之围

希特勒再次出手帮助墨索里尼。2 月 6 日，希特勒派遣埃尔温・隆美尔将军及其新组建的非洲军团赶往的黎波里。3 月 24 日，隆美尔攻打阿盖拉，俘虏奥康纳，并将英军赶回原地。不过，韦维尔决定守卫托布鲁克，其他英军撤回埃及重新进行部署。第九澳大利亚师负责防守托布鲁克，后来第七骑兵团的一个旅和第十八骑兵团赶来增援。第九澳大利亚师指挥官莱斯里・莫希德（Leslie Morshead）少将对手下说："我们绝不能重蹈敦刻尔克的覆辙。如果我们必须离开，那我们就杀出一条血路，绝不投降，绝不撤退！"

4 月 10 日，隆美尔抵达托布鲁克，派分遣队猛攻小镇，不料却被强大的火力击退，分遣队指挥官被击毙。三个晚上之后，德军再次被击退。与此同时，非洲军团已经有兵力绕开托布鲁克，到达埃及边境。从那时起，托布鲁克的 22 000 人不得不依靠海运供给。不过，虽然德军占据绝对的空中优势，但盟军的高射炮成功地保障了港口的畅通。

在接下来的两个月里，德国装甲部队多次发动进攻，但均被击退。德军此时损失了 1700 人，英方部队则死伤 797 人——其中 59 人被杀，355 人受伤，383 人失踪。德国最高指挥部对惨重的损失非常惊慌，于是命令隆美尔停止进攻。

纳粹播音员威廉·乔伊斯（William Joyce）是在第二次世界大战后因叛国罪被判绞刑的美国公民，他因一副嘲讽腔调在英国被称作“呵呵爵士”。他公开表示英方部队“像被抓住的老鼠一样”。一家德国报纸把英方部队称为“托布鲁克之鼠”，英军欣然接受，自称“沙漠之鼠”。

隆美尔击退了三波前来协助突围的增援部队。但是，最终轴心国军队还是被迫后撤，英方部队解围。

1941 年，一辆英国坦克的车组成员在金字塔前面。

▲ 1942 年，被称为“沙漠之鼠”的英国第七装甲师士兵，在托布鲁克被围之前与一门野战炮合照。

托布鲁克之围持续了 242 天，从 1941 年 4 月 10 日至 12 月 7 日，比布尔战争期间的马弗京之围还长了 55 天。

这是德国陆军第二次世界大战期间第一次打败仗，这表明德军的“闪电战”是可以被雷区、大炮、防空炮火和坚守阵地的士兵击败的。

托布鲁克保卫战鼓舞了盟军的士气，也使得德国第一次世界大战时期的盟友土耳其拒绝参战。

希特勒因此不能利用土耳其作为进攻苏联的南部跳板，发起进攻的时间至少推迟了一个月。冬天是苏联最厉害的武器，这一点最终被证明不可小觑。

加查拉战役

托布鲁克解围之后，隆美尔被赶回阿盖拉，这里是 1941 年 2 月英国攻势第一次暂停的地方。

1941 年 12 月，珍珠港遇袭，日本迅速攻占英国在远东的殖民地，同盟国把目光投向那里，沙漠军队物资缺乏。然而，在从托布鲁克撤退的过程中，德军向隆美尔提供了新坦克。1942 年 1 月，一支德国军队带着更多的增援物资抵达的黎波里。德国非洲军团很快有了 111 辆坦克，还有 28 辆留作备用，意大利有 89 辆坦克。

隆美尔很快发起反击，英军伤亡近半。战局急转直下，此时有“沙漠之狐”之称的隆美尔缴获了大量物资，他再次向东猛攻。2 月 6 日，他逼迫英军后退到加查拉，这里离东边的托布鲁克只有 30 英里（约 48 千米）远。

英军退到一片雷区后面，这片雷区从海岸向南绵延 30 英里（约 48 千米），希望在此地养精蓄锐。北非战争的所有防线都有一个问题，那就是不可避免地在沙漠一端有“口子”。隆美尔灵活地绕过了这道防线。

经过 18 天的鏖战之后，英军被迫退到埃及边境。这一次，托布鲁克沦陷。当温斯顿·丘吉尔得知这个消息的时候，他正在华盛顿。这是一场国家灾难。1941 年，托布鲁克还有一小支部队反抗强大的德国军队，这至少给人一丝希望。如今，这丝希望之光熄灭了。另一方，希特勒非常高兴，他晋升隆美尔为元帅。有了在托布鲁克缴获的物资，隆美尔挺进埃及，不给英军重新部署的机会。

阿拉曼战役

时任英国第八军指挥官的尼尔·里奇（Neil Ritchie）将军曾在塞卢姆和西迪欧麦尔之间的埃及边境向南建造了防御工事，同盟国认为借此可以遏制隆美尔的攻势。不过，这道防线和加查拉防线的战略弱点一样——沙漠一端仍然有“口子”。

6 月 24 日，隆美尔领兵绕过这道防线，在一天内挺进了 100 多英里（约 160 千米）。第八军已经意识到这道防线守不住，后退到马特鲁港，这里离西部边境 120 英里（约 200 千米）。情况十分危急，德国空军此时已逼近亚历山大港。

如果第八军遏制不住隆美尔的话，他就会毫无悬念地占领埃及、苏伊士运河和波斯湾的油田，进而攻打业已腹背受敌的苏联的南翼。

里奇将军打算在马特鲁港做最后一搏，但韦维尔的继任者克劳德·奥金莱克（Claude Auchinleck）将军意识到在这里建立防线还会有与加查拉防线和塞卢姆防线一样的缺点。6 月 25 日，奥金莱克将里奇解职，亲自指挥第八军。第二天，他下达了新命令：英军在马特鲁港不再设立防线。相反，他打算让军队各部保持流动状态，而机动部队可以从四面八方攻击敌人。

为了实现这个目的，他主张把部队编成由炮兵组成的战斗小组——这一直是西部沙漠部队的优点，并让装甲兵和步兵提供后援。

▲ 1942 年 10—11 月的阿拉曼战役。

6 月 27 日，轴心国军队再次与同盟国军队交火。战况激烈，英军补给线被敌人切断，不得不向东突围。最终，英军退到阿拉曼一带，这里离亚历山大港仅 60 英里（约 100 千米）。 奥金莱克在这里遏制住了敌人进一步的攻势。

与向西 350 英里（约 560 千米）的加查拉防线相比，奥金莱克在阿拉曼的防线有所不同，那就是阿拉曼防线在南边没有“口子”。阿拉曼防线的尽头是埃及的盖塔拉洼地，这是一片面积为 7000 平方英里（约 18 130 平方千米）的盐湖和沼泽，坦克和重型军事车辆压根儿无法通行。6 月 30 日，德军先头部队抵达阿拉曼。此时，驻守阿拉曼防线的有身为最早一批托布鲁克“沙漠之鼠”的澳大利亚人，还有从沙漠撤出的英国、南非、新西兰和印度军队。更重要的是，他们在阿拉曼有英国皇家空军做后援。

德国非洲军团一路长途跋涉，急速行军，此时筋疲力尽，而且补给线拉得非常长。由于前几次进攻未能突破，非洲军团决定停下来养精蓄锐，并且开始布地雷。

1942 年 7 月一整月，一方进攻，对方反击，各不相让。

7 月 13 日，隆美尔重新装备非洲军团，发动了第一次阿拉曼战役。德军装甲部队再次被遏制，当天晚上，奥金莱克进行了反击。印度人和新西兰人击败了意大利军队两个师，并成功抵挡住德军装甲部队的反击。

这场战役变成了一场消耗战，大约有 1 万人死亡。隆美尔很快用光了当初在托布鲁克缴获的物资，德国派 260 辆坦克增援。但在托布鲁克沦陷之后，美国总统富兰克林・罗斯福（Franklin D.Roosevelt）给英军送来了 100 门自行火炮和 300 辆谢尔曼坦克。谢尔曼坦克配有 75 毫米口径火炮，英军终于有一款坦克可以与德军的 MK3 和 MK5 装甲车媲美了。

奥金莱克遏制住了隆美尔的攻势，但他并未击退德军。8 月 4 日，丘吉尔抵达开罗，想看看战局有何进展。奥金莱克告诉丘吉尔，他打算把进攻时间推迟到 9 月，让新来的增援部队有时间适应环境。于是，丘吉尔将他解职，任命哈罗德 · 亚历山大（Harold Alexander）爵士为中东地区总司令。第八军指挥权交给伯纳德 · 蒙哥马利（Bernard Montgomery）将军，他于 8 月 13 日上任。

蒙哥马利迅速重组了第八军，部队以师为作战单位，各单位之间互相支持。

蒙哥马利给了被围困的英军击败“沙漠之狐”隆美尔的决心。

第八军预计隆美尔会在 8 月 26 日月圆之夜前后发动进攻，料想他会像往常一样攻打防线南部，意在突破防线，并在数小时内包围第八军，然后迅速占领开罗。隆美尔会选择的进攻地点只有一片雷区防护。

蒙哥马利也发现了英军防御的弱点。他在防线后面布好了阵，任何来犯的军队都将遭到 6 磅反坦克炮和战壕坦克的猛烈攻击。

隆美尔的长补给线意味着他很难获得燃料。这一点使他不得不将进攻时间推迟到 8 月 31 日，这就给了盟军更多的准备时间。隆美尔希望打英军个措手不及。不过，在进攻部队——200 辆装甲车、243 辆意大利中型坦克和 38 辆轻型坦克——出发的两个小时前，他们遭到了英国皇家空军的攻击。在坦克前面负责排雷的德军遇到了隐藏在战壕里的盟军的猛烈攻击。英国皇家空军也加强了攻势。德国非洲军团的指挥官受重伤，第二十一装甲师的指挥官被击毙。

隆美尔缩小前线范围，他手下的部队穿过两个雷区，但在第三个雷区停滞不前。装甲车在软软的沙子上“走”得很慢。德军伤亡惨重，停下来的军队遭到炮击。不过，这时刮起了沙暴，英国皇家空军被迫停止攻击，大炮也暂时无法开火。

9 月 1 日，沙暴停止，德军装甲车继续前进。英国装甲部队将其击退。德军装甲车当天下午再次发动进攻，但又被击退。蒙哥马利牢牢扼住了非洲军团的咽喉。非洲军团试图突围，但失败了，伤亡惨重。

与此同时，英军夜以继日地对德军进行轰炸。到 9 月 3 日下午，隆美尔的部队撤退。蒙哥马利本打算发动进攻，但他觉得英军的增援部队不够团结，不能派他们追击敌军。于是，德军占据了阿拉曼防线一端位于两个雷区之间的一个要塞。

新的作战准备

9 月 7 日，蒙哥马利停止战斗，开始做新的准备。

他制订了一项欺敌计划，准备让敌人的兵力留在战线南端。他在那片区域部署了假的管道、假的补给点和假的车辆，并在战线南端加强无线电通信，营造出英军将在 11 月从该处发动进攻的假象。然而，真正的进攻将从战线北部发起，他命人趁夜色把大量大炮和坦克运到此处。他还下令在沙漠里挖了狭长掩壕，以便步兵从战壕里发起进攻。战壕也都伪装好，防止德军通过空中侦察察觉英军的意图。

英国骑兵冲进北非，这种行为在第二次世界大战中很罕见。此时，大多数“骑兵”部队配备了坦克。

费时六周的准备工作接近尾声，这时英国皇家空军加强了对敌人机场的攻击，以期在 10 月 23 日——进攻之夜到来前有效地压制德国空军。

蒙哥马利摒弃了关于沙漠战争的传统观念，他不会攻击南边，从侧翼包抄敌人，他也不会首先攻击敌人装甲兵，接着再对付步兵。他会一开始派一队人马转移敌人的注意力，攻击南边的德国装甲部队，让隆美尔以为英军会从此处主攻。与此同时，他将实施大规模的轰炸，先是北边的德军炮兵阵地，再是那里的步兵阵地。下一步，蒙哥马利手下的步兵会躲进事先挖好的狭长战壕，对付被轰炸弄得晕头转向的德国士兵。届时不可避免地会有一场肉搏战，不过蒙哥马利推测英军会占上风。

接着，英军装甲兵会跳进步兵挖好的战壕，彻底歼灭德军步兵，并在后方摆好阵势消灭剩余的德国装甲兵。即便蒙哥马利不能彻底摧毁德国装甲部队，但由于没有步兵的协助，德军也将无法坚守阵地，不得不选择撤退。

10 月 23 日晚是月圆之夜，这一点至关重要，因为英军必须清除数千枚地雷才能突破敌人的防线。雷区有 5000—9000 码（约 4570—8230 米）长，配有饵雷炸弹和铁丝网。当晚 9 时 40 分，第二次阿拉曼战役打响，整道防线有 1000 多门大炮同时朝德国炮兵开火。

20 分钟后，英军把目标转向德军的前沿阵地。德军阵地硝烟弥漫，英军步兵手持刺刀冲向敌人阵地，厮杀声不绝于耳。

德军顽强抵抗，但到第二天早晨 5 时 30 分，阵地被打开了两条通道，英军装甲兵顺着通道往里冲。接着，事情开始变得糟糕。英军步兵因为遭到激烈的抵抗，此时仍然没有穿过雷区，这样装甲兵就处于危险之中。

到第二天黄昏，一队英国装甲兵通过了雷区。不过，第十装甲师此刻仍在雷区中间，躲在米泰里亚岭后面，躲避敌方的火力。

第十装甲师指挥官赫伯特·拉姆斯登（Herbert Lumsden）将军一直对蒙哥马利的作战计划颇有微词。他认为，派坦克穿过雷区的狭窄通道，并且雷区还布满有战壕掩护的反坦克重型火炮，无异于自杀。如果一辆坦克被击中，那么它后面的所有坦克都将无法动弹，进而沦为被攻击的目标。

悬而未决

拉姆斯登被叫到蒙哥马利的指挥总部，说出了自己的看法。于是，蒙哥马利呼叫时任先头部队指挥官的亚历克·吉特豪斯（Alec Gatehouse）准将，命令他护送第十装甲师翻越米泰里亚岭。吉特豪斯拒绝让手下士兵为此白白送命。经过一番激烈的争论之后，蒙哥马利命令他护送一个团的装甲兵翻越山岭，而不是整个装甲师。斯塔福德郡义勇骑兵队派出 49 辆坦克执行这项任务，只有 15 辆狼狈地逃了回来。

英军继续进攻，到 10 月 25 日上午，两支装甲部队抵达敌军阵地。此时，战场局势变得混乱起来。德军多次猛烈反击，其中一次反击发生在切德尼山，由隆美尔亲自率领。然而，被英军击退。渐渐的，形势开始朝有利于英军的方向发展。10 月 27 日，英军第一装甲师摧毁了 50 辆德国坦克，英国皇家空军的多次进攻也击垮了德军装甲部队。

此时战况激烈，隆美尔明白一切取决于哪一方先耗尽战斗力。蒙哥马利已经巧妙地从防线抽调兵力，组建了一支能够对敌方实施致命一击的部队。他指示其余士兵采取防卫姿态，但利用强势侦察和炮火，营造英军继续进攻的假象。

10 月 28 日晚，第九澳大利亚装甲师主动出击，开进滨海大道。这正是隆美尔所希望的，如果英军试图绕过他向北走，他就可以把英国部队截成两半。于是，他下令德国装甲部队往北开。然而，蒙哥马利并没有沿海岸发起主力攻击。相反，他派了第二新西兰装甲师前去攻击此时由意大利人防守的德军防线的一个薄弱点。

▲ 隆美尔的战术技巧和足智多谋深受希特勒欣赏。

战争达到高潮。隆美尔表面上命令手下指挥官必须拼死战斗，但由于燃料短缺，他其实已经在考虑撤退了。接着，10 月 30 日晚上，他以为运气来了——澳大利亚人跳出战壕，迎着德军的激烈抵抗向前挺进，这不可避免地耗尽了顽强的澳大利亚人。这时，德军一支装甲掷弹兵团——为追求行进速度而用卡车运送的精锐步兵——发现自己被围困在一个被称为“汤普森之地”的要塞。德国装甲部队多次进攻，试图解救这些德兵。经过三天的战斗之后，德军成功救出幸存者。

与此同时，在压制行动中，蒙哥马利把剩余的兵力全派到 4000 码（约 3660 米）长的前方。11 月 2 日凌晨 1 时，两个英军步兵旅穿过新西兰装甲师的防线，对敌人发起攻击，紧随其后的是第九装甲旅的 123 辆坦克，目标是摧毁德军的反坦克屏障，特别是杀伤力极强的 88 毫米火炮。蒙哥马利对第九装甲旅指挥官约翰·柯里（John Currie）准将说：“我做好了全军覆没的心理准备。”

柯里亲自带兵发动攻击。

智　取

坦克后面跟着手持刺刀的步兵，一队英军从雷区通过。当太阳升起的时候，他们遭到了德军有战壕掩护的反坦克炮的攻击。第九装甲旅的坦克只有 9 辆没有被摧毁，柯里的 400 名士兵有 230 人阵亡，但他们还是达到了目的。英军打开新通道，猛攻德军第一装甲师。

当隆美尔发现自己上当之后，他派装甲部队往南赶。第二天，德军摆好了反坦克炮，但此时英军的主力已经往南开，并同时马不停蹄地向西推进。随后，爆发了坦克战，德国和意大利坦克遭到英国皇家空军和英军炮火的压制。两个小时后，德军逐渐停止反击。

当天下午，隆美尔不死心，又派了一支意大利装甲师参加战斗。可是越来越多的英国增援部队赶了过来，在意军后面形成扇形散开。

非洲军团只剩下 35 辆坦克了，隆美尔决定撤退。但是他收到希特勒的命令，让他务必坚守阵地，直到最后一个人。

溃　逃

隆美尔清楚，坚守阵地无异于自杀。可是，违背希特勒的命令也是如此。非洲军团司令冯・托马（Von Thoma）将军请求撤退，隆美尔拒绝了，不过当托马撤退时，他也睁一只眼闭一只眼。没多久，托马被俘。此时的他，再也不用担心面对希特勒的怒火了。

经过 12 天的战斗，轴心国军队全线撤退，燃料所剩无几，车辆勉强够德军逃走之用。倒霉的意大利军队被无情抛弃，大批意军士兵投降。

吉特豪斯准将想要第十装甲师继续追击。他确信能在 48 小时之内追上德军并将其歼灭。不过蒙哥马利比较谨慎。事实证明，隆美尔当时的确有能力展开突然反击，将失利变成新的攻势。撤退的德军遭到英国皇家空军的轰炸和扫射。第八装甲旅成功拦截了一队德军，俘虏了大量德国士兵并缴获了一批坦克和卡车。

11 月 7 日，天下起了倾盆大雨，地面泥泞不堪，非洲军团因此得以逃脱，但还是有 1 万人未能逃走。此外，有 2 万名意大利士兵被俘，2 万人死亡或受伤。轴心国有 450 辆坦克被摧毁，47 辆坦克因燃料缺乏被意军抛下，1000 多门大炮被摧毁或抛弃。

在阿拉曼战役期间，英国第八军伤亡 13 500 人，大约 500 辆英军坦克被毁坏——不过其中 350 辆可以修复，还损失了 100 门大炮。在英国，教堂的钟声沉默了多年，因为钟声长期被用作警报。丘吉尔特意下令鸣钟以示庆祝。

1942 年 11 月 10 日，丘吉尔在伦敦市长官邸谈及阿拉曼战役的胜利时，说了一段令人难忘的话："现在不是结束，这甚至不是结束的开始。不过，也许，这是开始的结束。"

对英国来说，阿拉曼战役是一个转折点。过去三年，英国在欧洲、大西洋地区和远东地区不断遭受打击。

"在阿拉曼战役之前，我们从未胜利过，"丘吉尔写道，"而在阿拉曼战役之后，我们从未失败过。"

火炬计划

1941 年 12 月 7 日，日本人袭击珍珠港，美国随后参战。12 月 11 日，希特勒对美国宣战，美国也对德国和意大利宣战。英国和美国之间商定的战略是两国先对付希特勒，然后再收拾日本人。因此，美国在太平洋地区只开展了防卫战。但不可否认的是，美国为打败轴心国做出了巨大的贡献。

美国参战之后，美国军队打算在法国海岸发动两栖攻击。但经过两年的战争之后，英国变得更加谨慎，于是劝说美国参加英国在北非地区的战斗，因为英国已经在此小有战果了。

1942 年 11 月 8 日，隆美尔从阿拉曼全线撤军，一支由 117 000 人组成的英美特遣部队抵达法属北非，该部队的领导人是德怀特・艾森豪威尔（Dwight D. Eisenhower）将军。乔治・巴顿（George S. Patton）少将率领一支由大约 45 000 人组成的军队直接从美国乘船而来，占领摩洛哥的卡萨布兰卡和大西洋海岸；劳埃德・弗雷登多尔（Lloyd R. Fredendall）少将率领一支由 39 000 人组成的军队从苏格兰起航，占领了阿尔及利亚的地中海港口奥兰。查尔斯・赖德（Charles Ryder）少将率领一支由 33 000 人组成的英美军队占领阿尔及尔。这些登陆行动的代号为“火炬行动”。

法属北非的形势并不明朗，这些登陆部队遭到效忠于维希政府的法国军队的抵抗。双方停火之后，德国声称此举违反了贝当总统所签署的停战协定，派兵入侵尚未被占领的法国另一半国土。于是，剩余的法国舰队凿沉了其停在土伦的船只。

巴顿将军的军队留在摩洛哥训练，其余盟国军队向东赶往突尼斯的西部边境——隆美尔的非洲军团正朝突尼斯的东部边境撤退。失去利比亚之后，希特勒决心控制突尼斯港和比塞大港这两个重要港口。

英国第一军在肯尼思・安德森（Kenneth Anderson）中将的带领下，想要对突尼斯发动进攻。抵达突尼斯边境之后，安德森发现边境防守严密，英军第一次进攻受阻。主要威胁来自驻扎在突尼斯的德国空军。距离最近的盟军全天候空军基地设在波尼半岛，离前线 120 英里（约 190 千米）。而德国空军最近的空军基地离战场只有 5 英里（约 8 千米）远。

到 1942 年 11 月末，在突尼斯的轴心国军队增加至大约 25 000 人。他们有 70 支装甲部队做后援——其中 20 支装甲部队配有新式 88 毫米火炮。时任德军地中海地区总司令的阿尔贝特·凯塞林（Albert Kesselring）元帅又派来了 3 个装甲师。

12 月，安德森再次进攻突尼斯，但是盟国军队缺乏经验。英国第一军和美国第二军团都没有经历过战争的考验。不过，一支英法美联合军队于 12 月抵达能够俯瞰突尼斯湾的久留山。这场战役持续了 4 天，直到德军在坦克支援下强势反击。盟军停滞不前，不得不推迟进攻突尼斯。从 12 月末到次年 3 月，北非连降大雨，原本干涸的土地变得泥泞不堪。

为了对付缺乏经验的盟军，希特勒从东部战线调来汉斯－于尔根·冯·阿尼姆（Hans-Jurgen von Arnim）上校，派他指挥第五装甲集团军并守卫突尼斯。阿尼姆手下有 10 万多名经验丰富的德国士兵。

到 1943 年 1 月，轴心国军队已经控制了突尼斯周围所有的山口。

▲ 夜间开火：1942 年 6 月，英军在加查拉战役期间发射 25 磅野战炮弹。

1943 年 1 月末，蒙哥马利抵达的黎波里，在此地休息并完成必要的休整。

隆美尔在抵达突尼斯边境之后停下来，在这里建立了强大的马雷斯防线。他知道自己无法打败蒙哥马利手下作战经验丰富的第八军，但如果他能以最少的兵力将英军堵在马雷斯防线，他就可以对后方经验缺乏、补给不力的盟军发动攻击，进而率兵沿着西多萨尔山脉赶往波尼半岛，摧毁盟军的飞机场。不过，阿尼姆主张缩小攻击规模，以此巩固自己在东多萨尔山脉的实力。

伤亡惨重

1943 年 2 月 14 日，德国俯冲轰炸机袭击驻守在费德山口西迪布济德镇的美国军队。德军第十装甲师的坦克和步兵追赶上来，美军伤亡惨重。德军第二十一装甲师穿过迈齐拉山口，从南边发起攻击。

到中午时分，西迪布济德的防守美军被击败。美军迅速出动轻型坦克和装备半履带车的步兵进行反击。美军损失了 2000 多人，其中 1400 人被俘，只有 300 人幸存，还损失了大约 94 辆坦克、60 辆半履带车和 26 门自行火炮。不过，阿尼姆不肯支持隆美尔乘胜追击。

隆美尔又在卡塞林山口取得了战术上的胜利，但这却是一次战略上的失败。盟军增援部队正在赶来的途中。隆美尔拉长了补给线，他手下军队的两翼此时容易受到攻击，而且蒙哥马利出现在马雷斯防线只是时间早晚的问题。隆美尔取消了原定于 2 月 22 日的攻击行动。

3 月初，隆美尔再次出动——此次目标是梅德宁地区和蒙哥马利的先遣部队。蒙哥马利此时已经对隆美尔的作战风格很熟悉，隆美尔在一片开阔的地段与英军交火，英军动用了 810 门中程野战炮和反坦克炮，包括多门首次投入使用的新型 17 磅反坦克炮。密集的火力摧毁了德军 52 辆坦克，造成 640 人伤亡，德军见状撤退。蒙哥马利又一次明确禁止手下追击逃跑的德军。两天后，已经失宠于希特勒的隆美尔离开非洲，由阿尼姆接任指挥。

德军此时在西部节节败退。时任盟军总指挥的哈罗德·亚历山大将军计划让地面军队和此刻试图突破马雷斯防线的英国第八军联合起来，合称为第十八集团军。第十八集团军接下来在突尼斯北方包围轴心国军队，盟军空军和海军则防止他们逃走或有人对其进行增援。

亚历山大坚持认为英国精锐部队应该先与缺乏经验的美军一起参加战斗，但巴顿将军却另有想法。巴顿接到命令，这个命令要他发动一场旨在转移注意力的攻击，把敌军从马雷斯防线引开。他计划发动进攻，将轴心国军队截成两半。

“先生们，我们明天进攻，”他对手下指挥官们说，“不成功，便成仁！”

3 月 16 日晚上，虽然下着大雨，但巴顿的美国陆军第一步兵师还是攻克了加夫萨镇。阿尼姆的反应与亚历山大预料的一样，他派德军第十装甲师防守从东多萨尔山脉到海边的所有山口。3 月 22 日，第十装甲师抵达马科纳西山口，正好德军第一装甲师也赶到这里。负责指挥的沃德将军意识到他们的行动已经超越了亚历山大将军命令的范围。同时，他也惧怕正从附近基地飞来的德国空军，于是停下来进行重组。巴顿大为光火，将沃德解职。

第二天，德军第十装甲师的装甲战斗群驶过一片开阔的平原，遭到盟军反坦克装甲车、密集火力和美军第一步兵师的伏击，第一步兵师此前在山里埋伏以待。德军仓皇撤退，损失了 32 辆坦克和大量步兵。

按照战争的标准，盖塔尔战役只是一场小仗，但对美军来说却是一场决定性的战斗。他们向德国人——还有英国人——展示了自己的作战能力。

自然，巴顿也变得野心勃勃。

“让我和隆美尔在坦克上见见，”巴顿说，“我要和这个狗娘养的决战到底。”

不幸的是，隆美尔此时已经回到德国，巴顿想打也打不到了。

巴顿在东多萨尔击败德军的同时，蒙哥马利于 3 月 19 日向马雷斯防线发起进攻。蒙哥马利使用了与对付隆美尔时一样的战术，派新西兰军团绕过防线南端，由沙漠空军从旁支援。经过 9 天的战斗，轴心国军队终于后退，但没多久又杀了回来。又经过一场激烈厮杀，英军伤亡 1300 人，德国和意大利剩余军队退回到离首都突尼斯市仅 50 英里（约 80 千米）的恩迪法威尔。

突尼斯战役

美国第三十四师发动了一场正面进攻，目标是占领丰杜克的山口。此次进攻失败，伤亡惨重，第三十四师撤回。这再次引发了英国指挥官和美国指挥官之间的口水战。

轴心国军队此时隐蔽在突尼斯半岛一端，不过很显然他们绝不会不战而降。亚历山大将军计划实施“打击行动”歼灭他们。他再次把不怎么重要的任务交给美国人——无论艾森豪威尔如何极力劝说他改变计划——派美国第二军团前去占领比塞大港。

此次行动成功的关键是一处被称作“609 高地”的德军要塞。第三十四师被分配到这个任务，并见证了整场战役最激烈的一场斗争。

第一装甲师恢复昔日辉煌，在前往马特尔的途中冲破德军防御，突破了比塞大港的后方防御并切断了轴心国军队唯一的逃跑路线。阿尼姆决心继续战斗，但希特勒对他索要更多弹药和物资支援的请求置之不理。轴心国剩余军队被包围在突尼斯平原上。

5 月 12 日，阿尼姆和 25 万精锐部队投降——此时还有数万军队在东部战线白白送命。

从 1942 年 11 月 12 日到 1943 年 5 月 13 日，盟军总共损失了 70 341 人。其中，法国损失 16 180 人，英国损失 35 940 人，美国损失 18 221 人。

然而，突尼斯就是美国的训练场。奥马尔·布莱德雷（Omar Bradley）将军说：“我们在非洲学会了爬，学会了走，学会了跑。”

第四章

苏联前线

A Short History of World War II

1939 年 8 月 23 日，德国外交部长约阿希姆·冯·里宾特洛甫和苏联外交人民委员维亚切斯拉夫·莫洛托夫（Vyacheslav Molotov）签署了《苏德互不侵犯条约》，又称《莫洛托夫－里宾特洛甫条约》。同年 9 月，苏德瓜分波兰。

希特勒并不打算遵守《苏德互不侵犯条约》。1941 年 2 月，英国情报部门获悉德国计划同年春天入侵苏联，美国也获得了同样的情报。英美将这个消息告诉莫斯科，斯大林却不肯相信。

接着，德国驻莫斯科大使突然去见莫洛托夫，并于 1941 年 6 月 22 日早晨 5 时 30 分宣布对苏联宣战。这是对《莫洛托夫－里宾特洛甫条约》"恶劣而得寸进尺的违背"。一支德国大军已经从波罗的海地区涌向黑海地区，开辟了长达 1900 英里（约 3000 千米）的前线。

虽然苏联有英美提前告知，德军还是给了苏联一个措手不及。此前有人告诉斯大林，说轴心国军队聚集在苏联边境是为了进行军事演习，他竟然相信了。

在以德意志第一帝国创始人命名的"巴巴罗萨计划"中，希特勒往苏联派了大约 180 个师的兵力——300 多万德国军队，还有 30 个罗马尼亚师和芬兰师做后援。其中有 19 个装甲师，配备了 3000 辆坦克，还动用了 2500 架飞机和 7000 门大炮。德国军队被分成三个集团军群：第一个是北方集团军，由威廉・冯・里布（Wilhelm von Leeb）元帅指挥；第二个是中央集团军，由费多尔・冯・博克（Fedor von Bock）元帅指挥；第三个是南方集团军，由格尔德・冯・伦德施泰特元帅指挥。德军计划以迅雷不及掩耳之势进军列宁格勒（圣彼得堡）、莫斯科和基辅，摧毁苏联的一切抵抗力量。

“我们只须轻轻踢一下门，”希特勒对伦德施泰特说，“整个腐朽结构就会轰然倒塌。”

据说，当斯大林得知德军入侵的消息后，整整 11 天没有说一句话。然而，苏联并非在这场进攻面前毫无防守之力。苏联拥有的坦克和飞机数量是德国的两三倍，虽然其中很多飞机非常陈旧，但苏联的 KV 系列重型坦克强过德军的任何坦克，而且苏联的 T-34 中型坦克可以说是整场战争中最厉害的坦克。

德国情报部门估计正确，斯大林在苏联西部有大约 150 个师的兵力，而且认为斯大林也许还能再召集 50 个师。事实上，到 8 月中旬，斯大林又组建了 200 个新兵师。不过，这些新兵师处于领导不力的状态，因为很多优秀的将领已在 20 世纪 30 年代的“大清洗”中被撤职。

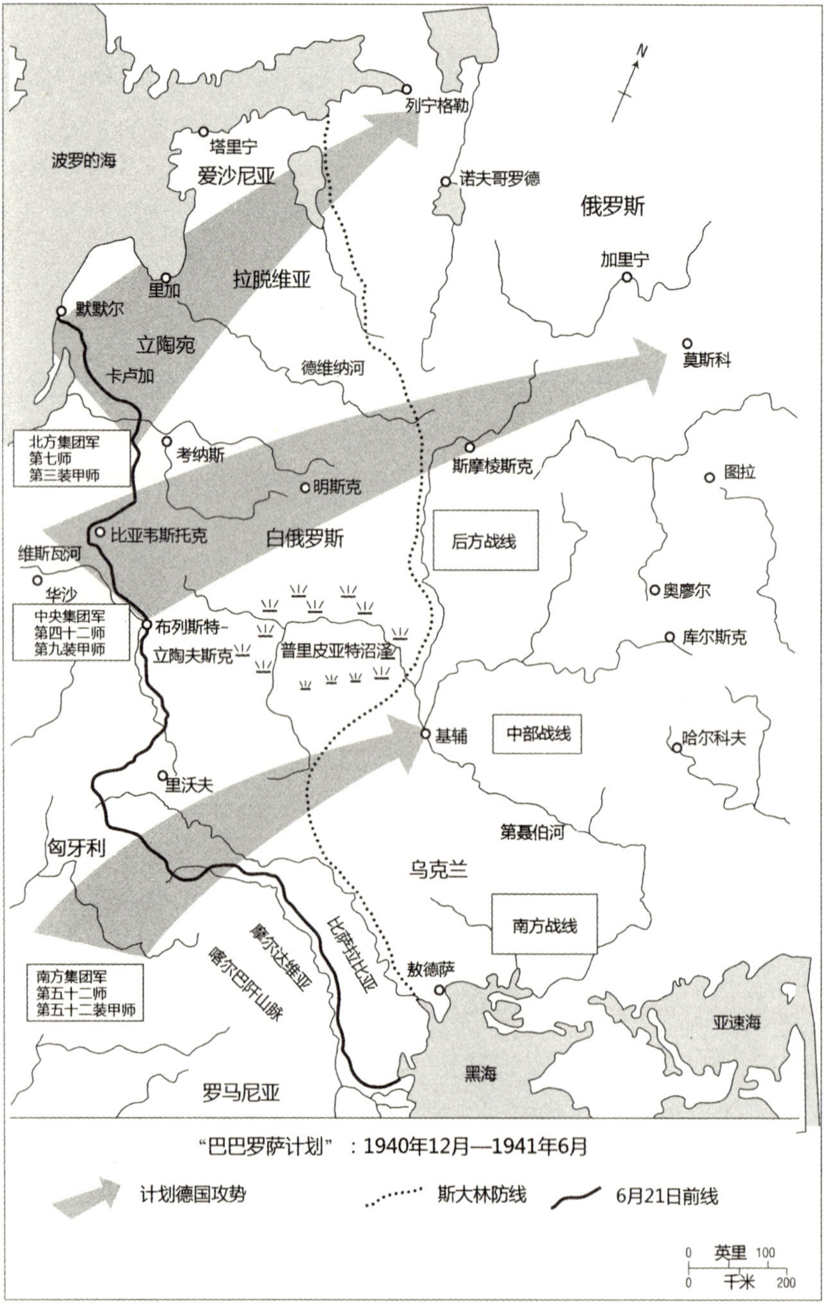

▲ 德国入侵苏联的“巴巴罗萨计划”。

德军迅速占领波罗的海诸国、乌克兰地区和白俄罗斯。在数日之内，34 000 名乌克兰犹太人在基辅北边的大沟壑巴比亚尔惨遭屠杀。党卫军敢死队把他们和斯拉夫人一并就地处决。

党卫军士兵在盖森多夫（现在乌克兰境内）对波兰人进行强制性重新安置。

入侵苏联之后，纳粹对犹太人的政策发生了变化。纳粹原本是把犹太人关押起来或赶进隔离区，现在则开始杀害犹太人——这个政策被称为“犹太人问题的最终解决”。党卫军特别行动队跟随德国军队进入苏联。特别行动队每到一个村庄，就把犹太居民围起来，把他们赶到偏僻处，然后一一射杀。纳粹还用了一种新的屠杀方法：把被抓捕的犹太人锁进密封的货车，在货车开往墓地的路上，用废气把一车人闷死。

截至 1942 年春天，有 100 多万名犹太人惨遭杀害。

飞速前进

德国北方集团军从东普鲁士出发，横扫波罗的海国家，然后朝列宁格勒挺进。尽管地面湿软、草木丛生，都是土路，但是到 6 月 26 日，北方集团军已经逼近了列宁格勒，并开进拉脱维亚。同一天，第八装甲师和第五十六装甲军团攻占了德文斯科（现为陶格夫匹尔斯）境内德维纳河沿线的公路和铁路桥，并攻打该城。

经过 5 个小时的巷战，德军击败了抵抗力量。三天后，北方集团军到达拉脱维亚首都里加，并停下来重组。

7 月 3 日，斯大林通过广播对苏联人民发表讲话。他呼吁民众发扬爱国精神，宣布实行“焦土政策”——就像 1812 年拿破仑入侵俄国时候一样。斯大林表示，绝不让德军得到“一个引擎或一辆汽车，一块面包或一滴油”。同时，苏联经济转向军工生产。他们把整座工厂向东迁移，搬到德军“够”不到的地方，并以惊人的速度生产坦克和飞机。

英国和美国开始支援苏联，通过北冰洋和英苏共同占领的波斯（伊朗）向俄罗斯北部港口阿尔汉格尔斯克（字面意思为“大天使”）运送物资。

7 月 2 日，德国北方集团军再度进军。7 月 20 日，北方集团军距列宁格勒仅 21 英里（约 34 千米）。

当初依据《苏德互不侵犯条约》的秘密协议，苏联占领了芬兰的一些领土。“巴巴罗萨计划”实施之后，芬兰抓住机会发动进攻，准备把失去的土地夺回来。到 8 月 16 日，芬兰人已经沿拉多加湖西岸行进了大约 60 英里（约 100 千米），截断了列宁格勒北边的道路。

正当德军从南边包围列宁格勒的时候，红军突然发起反击。列宁格勒的居民因此有了足够的时间挖掘反坦克壕沟并建立防线。到 9 月 9 日，德国逼退苏联红军。

▲ 1941 年 8 月，德国军队到达维帖布斯克后，发现撤走的苏联人已经把整个城市付之一炬。

德军开始炮轰列宁格勒。德国坦克突破了最后一道防线，但却在城内狭窄的街道上难以前行，德军装甲部队不得不撤退。不过，德国步兵和大炮留下来，包围了这座城市。

▲ 在“巴巴罗萨计划”实施后期，德国步兵向列宁格勒进军。列宁格勒的围困直到 1944 年德军被苏联红军击退才结束。

▲ 佩戴着战地宪兵金属半月徽章的德国士兵，他们被普通德国士兵称作“猎头者”。

列宁格勒的 100 万名居民此时已经疏散，剩余的 200 万人完全孤立无援。一场即将持续 900 天的围城行动开始了。在此期间，列宁格勒唯一的生命线是拉度加湖，人们夏天用驳船，冬天用卡车和冰上雪橇。1944 年 1 月 19 日，列宁格勒终于解围。其间，约 20 万名平民被德军炸死，至少 63 万人死于饥饿和疾病。

在“巴巴罗萨计划”实施的前几周，南方集团军迅速占领了乌克兰大半领土。到 7 月 11 日，南方集团军距基辅仅 10 英里（约 16 千米）。德军猛攻苏军的侧翼，斯大林拒绝了手下诸将从基辅撤军的请求。9 月 20 日，苏联第五军及其装甲部队被包围，约 52 万人沦为战俘。

中央集团军是三个集团军群中实力最强的一支，由第四和第五军及第二和第三装甲兵团组成，后来更名为装甲集团军。6 月 22 日，中央集团军的装甲部队和机动部队从华沙北部地区发起进攻，把苏联防御工事撕开了一个大口子。中央集团军的主要任务是在北方集团军横扫波罗的海国家的同时，防守北方集团军的右翼。希特勒下令，只有占领列宁格勒之后，中央集团军才能向莫斯科挺进。

快速推进

6 月 29 日，德军装甲先锋部队抵达白俄罗斯首都明斯克，包围了 4 支苏军，并俘虏了 287 000 人。

7 月 16 日，德军抵达距莫斯科 260 英里（约 420 千米）的斯摩棱斯克，又包围了一支苏联大军，俘虏了 30 万人。

到 7 月末，德军控制了相当于法国面积两倍多的苏联领土。

到 8 月末，中央集团军已经跨越了距莫斯科三分之二的路程。中央集团军司令费多尔·冯·博克认为苏联红军无力抵御德军对苏联首都莫斯科的攻势。于是，他强烈要求德国最高指挥部允许他向莫斯科挺进。可是，希特勒坚持认为占领基辅和列宁格勒才是当务之急。他带领中央集团军向北和向南协助其他德军，又包围了 665 000 人。

这时，希特勒批准博克继续向莫斯科挺进。不过，直到 10 月 2 日，中央集团军才重新部署好并再次出击。中央集团军迅速推进，在维亚齐马和布良斯克包围了大批的苏联红军。维亚齐马包围战有 663 000 人被俘，布良斯克包围战也有 10 万人被俘。此时，苏军只剩下 824 辆坦克，没有空中支援，大批军队接连失利。通往莫斯科的道路已然畅通无阻。外国使节被疏散，列宁的遗体已经从红场移走。

斯大林原本打算离开莫斯科，但后来改变了主意。他下令戒严，并把手下最得力的将军格奥尔基·朱可夫（Georgii Zhukov）从列宁格勒召回，负责防守莫斯科。德军也遇到了严峻的问题——德国士兵已经筋疲力尽。苏联的“焦土政策”将房屋破坏殆尽，德军连住的地方也没有，而且德军装备也磨损严重。每场战役都在拉长德军的补给线，苏联游击队晚上还经常袭击德国卫兵并破坏德军物资。

此时临近 10 月，天气发生变化。

每当下雨，道路变得泥泞不堪，行进速度放慢。莫斯科北边赫尔曼·霍特（Hermann Hoth）将军的德国装甲部队无法穿越这里的茂密森林，发动快速进攻。古德里安将军的军队倒是能够从南边的旷野发起进攻。但朱可夫在这里部署了他的最后一支独立坦克部队——第四装甲旅。这支装甲旅训练有素，并配备了 T-34 坦克，这种坦克的装甲就连德军大炮都打不穿。正当莫斯科近在德军眼前的时候，第四装甲旅逼停了德军的攻势。

霍特企图继续向前挺进。苏军动用了喀秋莎火箭炮，这种火箭炮的齐射发射器被德军称作“斯大林的管风琴”。苏联空军也再次出动。

11 月 15 日，德军向莫斯科发起最后的进攻。德军最初行进得很快，因为此时路面结冰了，第七装甲师抵达距莫斯科仅 20 英里（约 32 千米）的莫斯科 - 伏尔加运河。

▲ 配备装甲脚踏板专门保护其脆弱履带的德国二号坦克驶过苏联一座废弃的村庄。

1941 年 12 月 4 日，苏军开始反击。中央集团军被击退，虽然希特勒坚持让其不惜一切代价坚守阵地。然而，天气开始变冷了。

德军并没有做好应对苏联冬天的准备。希特勒此前坚信德军能够速战速决，顺利凯旋，因此没有给德军配备冬装。这年冬天是 140 年来最冷的一个冬天。从德国行军炉灶刚舀出来的滚烫热汤在几分钟内就会冻住，拿斧子砍肉的时候，能把斧柄震裂，黄油必须用锯子锯开；坦克引擎里的油冻住了，大炮的密封润滑脂冻住了，自动射击机械装置歇火了。到年底，军队中出现了 10 万例冻伤——其中超过 14 000 人被严重冻伤，不得不截肢。

1942 年 1 月 7 日，斯大林下令再次发起攻击。朱可夫调动仅剩的资源，将德军击退；到 1 月末，莫斯科西边大约 40 英里（约 65 千米）的前方稳固下来，莫斯科保住了。

“最后解决”

与此同时，纳粹高级官员于 1 月聚集在柏林万湖，商量如何将灭绝犹太人变成更加系统的行动，其结论是在被德国占领的波兰各地修建死亡集中营。他们在贝乌热茨、索比堡、马伊达内克、切姆诺、奥斯威辛和特雷布林卡建造了伪装成淋浴间的毒气室。每个集中营每天杀害 15 000—25 000 人。1941 年 5 月，奥斯威辛集中营开始采用毒气集体杀人的做法。

在被德国占领的欧洲，隔离区的犹太人被押上通往集中营的货运火车。抵达集中营后，党卫军医生对犹太人进行体检，挑出身体强健的人。其他人——大约占 80%——被剥夺个人物品，然后立即送往毒气室。这些人死亡之后，纳粹从他们嘴里拔掉金牙，然后运往火葬场焚烧尸体。身体强健的犹太人被剃光头发并没收财产。他们的胳膊上被刺上一个数字，这个数字成为他们的代号，然后被迫干活，直到身体累垮，这时他们会被杀或自生自灭。

犹太人用各种方法躲避追捕或反抗纳粹。一些犹太人在法国、波兰和苏联参加抵抗运动。其他人试图逃走，但难度越来越大，因为纳粹势力遍布欧洲各地。大量犹太人躲藏起来，当时有许多非犹太人冒着生命危险收留犹太人。

德国商人奥斯卡·辛德勒（Oskar Schindler）和瑞典外交官拉乌尔·瓦伦贝格（Raoul Wallenberg）等人通过贿赂或“欺骗”纳粹官员，成功拯救了成千上万名犹太人的性命。一些犹太党派团体，譬如白俄罗斯的皮尔斯基游击队，从隔离区救出不少犹太人。

一些波兰隔离区也出现了反抗行动。1943 年 4 月和 5 月，最重要的起义在华沙爆发，当时隔离区被清空，最后一批犯人被送往死亡集中营。1943 年，特雷布林卡集中营和索比堡集中营爆发数次起义。1944 年，奥斯威辛集中营的犯人暴动并放火烧了火葬场。这些人自知生还无望，于是做出了最绝望的举动。虽然一些人侥幸逃脱，但绝大多数参与起义的人最终被杀害。

除了死亡集中营之外，纳粹还在德国和占领区设立了数百座战俘集中营。战俘集中营的条件非常恶劣，数以万计的战俘死于饥饿、疾病或过度劳累。在一些集中营，纳粹医生在战俘身上开展残忍的医学实验，迫害死了不少人。

犹太人并不是大屠杀的唯一受害者。纳粹决心杀害或奴役任何他们认为种族低劣或者政治上危险的人，包括吉卜赛人、斯拉夫人（尤其是波兰人和苏联战俘）、共产主义者和同性恋者。

斯大林格勒会战

1941 年冬天，虽然德军在东部战线缺衣少食，但希特勒并不气馁。苏联的大部分欧洲领土如今已落在他手里。到 1942 年 2 月，苏联的冬季反击逐渐停止。希特勒此时开始制订计划，准备彻底消灭苏联红军。新的行动计划是攻打斯大林格勒（现为伏尔加格勒），该城沿伏尔加河绵延大约 30 英里（约 50 千米），距西北方向的莫斯科 600 英里（约 1000 千米）。

斯大林格勒是一座庞大的新兴工业城市，被誉为苏联最伟大的成就之一。斯大林认为，必须不惜代价地守住这座城市。

在希特勒看来，斯大林格勒也很重要。它是苏联共产主义的象征，必须毁之而后快。这座城市也是大批量生产武器的重要中心。一旦攻占斯大林格勒，凯旋的德军将会沿着伏尔加河前去包围莫斯科，到时可以再派一支军队向东南占领高加索地区的油田，并威胁土耳其和波斯。

然而，战局已然大为不同。德军似乎不再不可战胜，他们残酷地对待平民，激起了反抗。

1942 年春天，斯大林在克里米亚刻赤半岛发起反击，结果反击失败， 10 万人沦为德军的俘虏。两个西伯利亚新兵师奉命前往列宁格勒解围，不料被德军包围。占苏军三分之二兵力的 600 辆坦克迎战罗马尼亚第六军，试图攻下哈尔科夫。德军进行了猛烈反击。苏联损失了将近 25 万人，坦克全部被摧毁。这为希特勒的夏季进攻打下了基础。

6 月 28 日，广阔的前线从库尔斯克延伸到罗斯托夫，德国装甲部队气势汹汹地驶过开阔的大草原。一队人马扬起的尘土能从 40 英里（约 65 千米）外看见，接着很快又看见了村庄被烧毁的浓烟。德军向斯大林格勒挺进，一路上竟没有遇到抵抗。

▲ 1942 年，一名德国士兵穿过斯大林格勒一个积满水的弹坑。6 个月的战斗令这座城市变得面目全非。

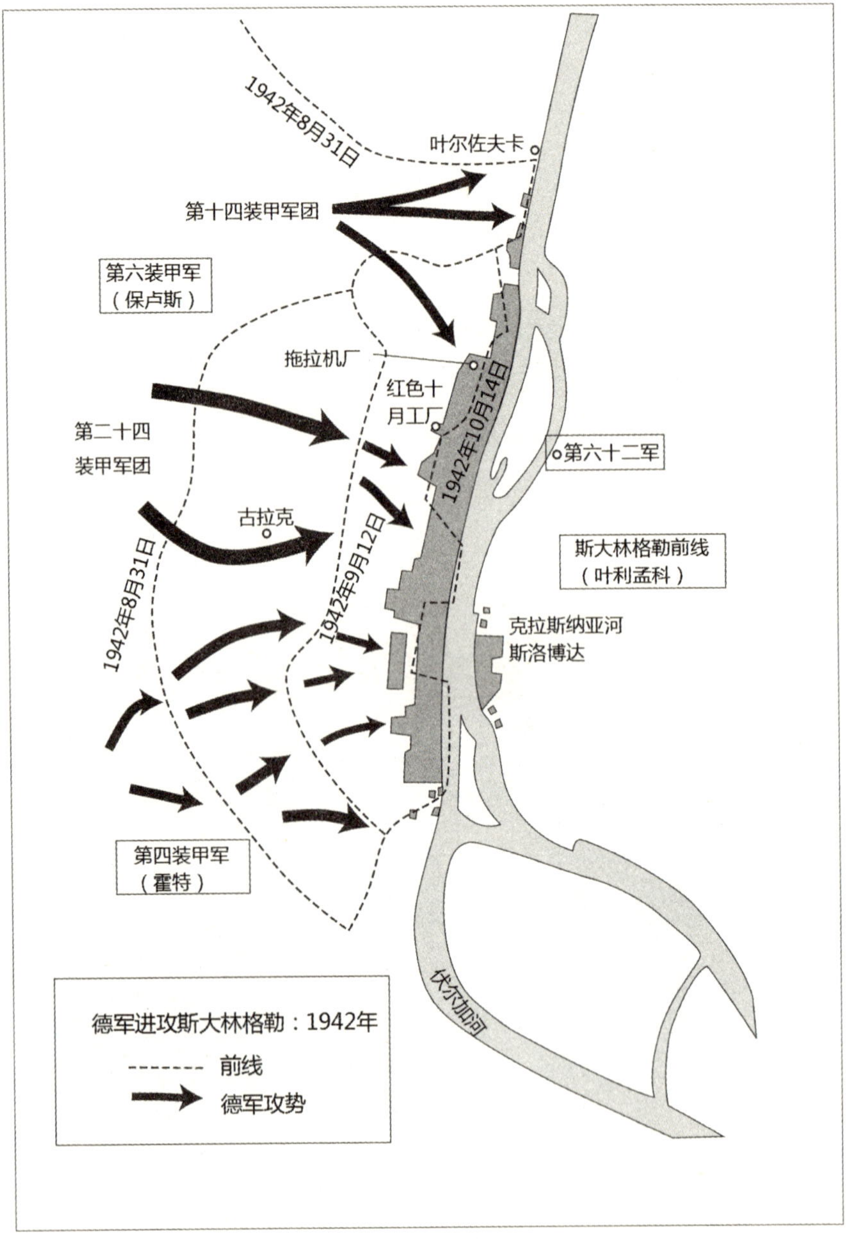

▲ 1942 年，斯大林格勒战役。红色十月工厂和拖拉机厂自始至终掌握在苏联人手中。

斯大林此时决定将莫斯科的物资投入斯大林格勒保卫战，并下令尽快将物资运往斯大林格勒。8 月 22 日，德军抵达伏尔加河。8 月 25—29 日，弗里德里希·保卢斯（Friedrich Paulus）将军的德国第六军趁苏联增援部队还未赶到，对该城发动了猛烈攻势。

恐怖轰炸吓得城内平民逃到伏尔加河对岸，政府开始清空工厂。斯大林听到消息后，下令停止清空行动。拖拉机厂的工人将继续生产新的坦克和装甲车，直到德军打到门口。到时候，他们将披上弹药带，站好最后一班岗。

德军是“闪电战”的能手。他们不习惯穿过城市废墟开展缓慢而嘈杂的肉搏战。相比之下，苏联人很快学会根据新形势调整战术，德军的每个举动都使他们付出了高昂的代价。苏联红军和德国精锐部队不停歇地鏖战了数周，红军在伏尔加河河畔仍占据着一块 9 英里（约 14 千米）长的狭长地带。

9 月 12 日，希特勒下令再次进攻。第二天，保卢斯派了 3 个装甲师，还有 8 个步兵师做后援。迎战的苏军有 40 辆坦克，但只有 19 辆还可以启动。第六十二军此时只剩下 3 个步兵师和其他 4 个步兵师的残余部队以及 2 个损伤严重的坦克旅，而且也没有后备部队，所有的人都已经投入战斗，可是苏联总部仍处于危险之中。

格奥尔基·朱可夫将军冒着危险渡过伏尔加河，在普希金街大桥附近的一个防空洞设立指挥所。朱可夫手下将士背靠伏尔加河而立，聆听着他鼓舞人心的讲话：“伏尔加河上无余地。”

重要环节

德军正面猛攻苏联战线。

9 月 14 日下午，德军突破战线，占领马马耶夫岗。德军从山岗高处集中炮火猛攻伏尔加河上的重要轮渡航线。第七十六步兵师在苏联战线一座废弃医院把抵抗者打得十分凄惨。德军似乎稳操胜券，很多德国士兵畅饮掠夺来的伏特加酒，喝得烂醉如泥。此时的抵抗者只剩下狙击手。

当天晚上，战斗在离朱可夫指挥总部不到 200 码（约 180 米）的地方打响，连参谋都加入战斗。9 月 14 日晚，苏联近卫军在战火中爬上岸。德军根本不可能互相配合发起反击，于是很快就消失在彼此毫无联络的废墟各处。

德军还遭遇了巷战。德军以由三四辆装甲车和一队步兵组成的小型战斗群为单位，在毁坏的街道上进行战斗，费力地一处处清除威胁。苏联步枪手和机枪手藏在毁坏的建筑里、弹坑里和瓦砾堆后面。他们放过德国装甲车，专门攻击步兵。在狭窄的街道上，德国装甲车非常容易受到从天而降的手榴弹和反坦克炮的攻击。这场战役以挨家挨户的战斗为主，子弹、手榴弹、刺刀和火焰喷射器通通派上了用场。

1942 年冬，德军在斯大林格勒战役期间使用野战炮。

德军发现，花了一整天时间，并且死伤无数，才向前迈进了 200 码（约 180 米）。即便这样，苏联人晚上又会“冒”出来，在阁楼墙壁上砸洞，以便抢回被德军占领的建筑。尽管如此，胜利似乎不远了。德军顺着扎里塔支流向伏尔加河挺进。然而，无论德军占领这座城市的多少地盘，苏联人都拼死抵抗。虽然遭到轰炸，但一处谷物升降机依旧昂然挺立。这里被小股的苏联近卫军和苏联海军陆战队所占领，他们在此击退了一波又一波的德军进攻。

对德军而言，花费两个月时间争夺斯大林格勒的一小块狭窄地带，这着实是一场灾难。德国民众被告知苏联将一波又一波的人投入战斗，并且物资储备消耗严重。事实恰恰相反，陷入如此困境的是德国人。9—10 月，德军为这场战役投入了不少于 19 个新组建的装甲旅和 27 个步兵师的兵力。

与此同时，朱可夫只派最少的兵力抵挡德军，积蓄力量准备反击。

苏联的炮火越来越凌厉，夜晚开始变得越来越长，德军唯恐又一次在苏联过冬。保卢斯计划尽快发动第四次全面进攻，希特勒公开宣称斯大林格勒会“迅速”沦陷。

4 万名苏军守着城市仅 10 英里（约 16 千米）长的一片地带。这块地最宽的地方是从伏尔加河西岸向内陆延伸 1.25 英里（约 2 千米），最窄的地方只有大约 450 米。坚守此地的苏军对这片荒地的每座地窖、每条下水道和每处废墟都了如指掌。苏军通过望远镜观察德军的攻势，然后用机关枪消灭敌人。狙击手悄悄躲在满是弹坑的街道上，或者一连伪装数小时，静静地等待猎物出现。他们的对手是安营扎寨、因战事不利而士气低落的德国老兵和压根儿没有准备好直面战争险恶的新兵。

10 月 4 日，在德军即将发起进攻的时候，苏军在拖拉机厂附近发起反击。德军措手不及。德军没有失去多少土地，但却有很多伤亡。德国空军派来 800 架俯冲轰炸机，同时德国大炮无情地轰炸着这座城市。

经过 5 个小时的轰炸之后，连地下深处的玻璃都被震碎，朱可夫总部有 61 人阵亡，德军的进攻最终有了进展。

“最激烈的一天”

10 月 14 日，德军 2 个新兵装甲师和 5 个步兵师向前挺进，来到一处只有 3 英里（约 5 千米）宽的前线。结果发现进入了苏军早就设计好的战场——此地的房屋，甚至是整个街区都布满了地雷。

这次是近距离作战，德军可能占据着一栋破楼的一半，而苏军占据着另一半。如果苏军准备用一栋建筑当要塞，通常会毁掉楼梯，这样德军就只能在每层独立作战。朱可夫认为，10 月 14 日是“整场战役最为血腥、最激烈的一天”。

苏军被迫退到伏尔加河沿岸，河上运送物资的船只逃不过敌人机关枪的火力。在最后关头，来了一个奉命决一死战的西伯利亚师。他们受到了迫击炮、大炮和俯冲轰炸机的猛烈攻击。在接下来的两周内，德军发动进攻 117 次——某一天进攻 23 次。

这支西伯利亚部队顶住了。德军无法前进，只好沿着城市地下300码（约274米）长的下水道前往伏尔加河。可当他们到达的时候，又中了埋伏。废墟下爆发了肉搏战，双方都吞下了不少伏特加酒。4天后，只剩下苏联人。可怕的寂静笼罩着斯大林格勒——全城一片死寂。

此时，朱可夫已经组建了一支新队伍。炮口对准了该城的南北方向。苏军发动钳形攻势，很快将25万名德军包围，这是东方战线最具有决定性的突破。希特勒命令保卢斯坚守阵地，直到“斯大林格勒要塞”解围。戈林告诉希特勒，德国空军一天能运送500吨物资。

与此同时，埃里希·冯·曼施坦因正带着一支装甲部队和补给车赶去救援，不料被苏联的T-34坦克挡住了去路。保卢斯不肯突围，因为希特勒命令他待在原地。但是戈林没能兑现他的承诺。1月8日，苏联开出条件诱惑保卢斯投降，希特勒给保卢斯升了职，迫使他不要接受。

1月30日，保卢斯的指挥所被苏军迅速占领，91 000名又冷又饿的德军被俘。押送德国俘虏离开的时候，一位苏联上校用手指着斯大林格勒的废墟，大声说：“这就是柏林未来的下场！”

两支德军被消灭，其储备物资被缴。约30万名受过训练的士兵丧生。这场战争空前激烈。仅在战争最后阶段，就有147 200名德国人和46 700名苏联人死亡。

1943 年 2 月，苏联夺回斯大林格勒，俘虏了约 9 万名德国士兵。

第五章

太平洋战争

A Short History of World War II

1941年12月7日是周日，这天上午7时53分，181架日本战斗机袭击了停靠在珍珠港的美国太平洋舰队。

珍珠港是位于夏威夷群岛瓦胡岛的大型美国海军基地。40分钟后，日本又有170架飞机发动了第二波袭击。虽然没有发布正式声明，但美国参战却成为不可避免的事实。

酝酿冲突

虽然珍珠港遇袭出乎人们的意料，但美国和日本之间的战争却早有端倪。20世纪初，日本逐渐发展成为海军强国，在1904—1905年的日俄战争中击败了实力雄厚的沙皇俄国舰队。20世纪30年代，日本军国主义者在政府中占了上风。侵占朝鲜和中国东北地区之后，日本于1937年全面侵略中国。

为了拓展日益壮大的亚洲大陆版图，日本计划接管英国、法国和荷兰在远东地区的殖民地，并抢夺当时处于美国控制之下的菲律宾，宣称建立“大东亚共荣圈”。

华盛顿支持抵御日本侵略的中国政府，对日本实施制裁。1940年9月27日，日本与德国和意大利签订《德意日三国同盟条约》，加入轴心国。

日本突袭珍珠港的鸟瞰图。数架飞机突然发动袭击，爆炸激起了水柱。

1941年6月，希特勒进攻苏联，他邀请日本参战并占领苏联东海岸。不过，在1939年德国入侵波兰的前几周，日本在蒙古诺门罕战役中被苏联痛打一顿，因此日本决定袖手旁观，坐收渔翁之利。

“巴巴罗萨计划”有效地弱化了苏联在远东的劲敌地位，为日本提供了进攻苏联南边并抢占此地欧洲殖民地的机会——前提是美国不会从中干涉。

1941 年 11 月 20 日，美国接到日本政府的最后通牒，要求美国必须停止对中国政府的支持、解除贸易禁运，并向日本提供其所缺乏的重要商品——石油。

美国无法接受。对日本让步就意味着中国和远东地区的英国海外殖民地都将沦陷。失去了海外殖民地，英国也会沦陷，届时整个欧洲、非洲和亚洲落入轴心国之手，美国将会被恶意满满的独裁国家从四面八方团团围住。

11 月 26 日，华盛顿答复日本的最后通牒，重申了人民自决原则，美国知道日本人不会答应。然而，美国不知道的是日本舰队此时已经起航。

▲ 从一架日本飞机上俯瞰日本人进攻的“战舰群”。投掷鱼雷溅起水花，左边和中央可以看见运行轨迹。远处的白烟来自卡姆机场。中间的灰烟来自遭到鱼雷袭击的美国“海伦娜”号军舰。

制订突袭珍珠港计划的人是日本海军上将山本五十六。他认为日本打不赢美国。当被问及日本的胜算概率的时候，山本回答道：“如果我奉命不计后果地投入战斗，我能斗志昂扬地打上半年或一年，但要说打两三年，我对此完全没有信心。”

场外赌注

日本政府打赌，6 个月的时间足够了。在这段时间内，日本军队可以横扫东南亚，夺取印度尼西亚油田和足够的原料，供应日本的国内工业，为持久战做准备。

日本海军已经意识到，航空母舰将是太平洋战争的关键武器，而不是战列舰。于是，日本海军建造了一艘航空母舰，并为其配备了世界上最好的俯冲轰炸机、鱼雷轰炸机和战斗机。山本的计划是以迅雷之势袭击停靠在珍珠港的美国太平洋舰队，让对方根本没有反应的时间。

在华盛顿和东京进行了越来越敌对的外交交涉的同时，山本秘密地在日本东北部千岛群岛集结了一支舰队。舰队由南云忠一中将领导，一共有 6 艘大型航空母舰——“赤城”号、“加贺”号、“飞龙”号、“苍龙”号、“翔鹤”号和“瑞鹤”号，总共运载 423 架战斗机。这些航空母舰于 11 月起航。

舰队从北边绕行，一路躲过大洋航线，并保持无线电静默，于 12 月 6 日抵达位于夏威夷群岛东北部的目的地。

同一天，东京的日本政府向驻华盛顿日本大使馆发送长电文，由此结束日美外交谈判，但是还没有直接宣战。然而，解码这么长的电文需要时间，这意味着日本大使馆在袭击开始之后才收到信息。

日本舰队航行的过程中，日本方面以为美国的 6 艘航空母舰全都停靠在珍珠港。之前的确有 5 艘停靠珍珠港，但“大黄蜂”号和“约克城”号已经被调至大西洋，“萨拉托加”号则被调回来保护美国西海岸。11 月 28 日，“企业”号和“列克星敦”号向西起航，为威克岛和中途岛运送飞机。

12 月 7 日早晨 5 时 50 分，日本航空母舰迎风停泊。

当时，天气条件并不理想，风大浪高。不过 183 架飞机中只有一架没有成功起飞；还有一架飞机出现引擎故障，不得不返航。6 时 20 分，49 架轰炸机、51 架俯冲轰炸机、40 架鱼雷轰炸机和 41 架零式战斗机冲向瓦胡岛，而第二波袭击是在航空母舰的飞行甲板上部署的。

7 时，飞行领队渊田美津雄指挥官从一家夏威夷电台选了一首音乐，并锁定了这首音乐。5 分钟后，瓦胡岛北边新建的美国雷达站的两名雷达操作员发现雷达屏上有一个光点，由于一架美国 B-17 轰炸机原定当天早晨从美国大陆返航，所以他们误以为是己方飞机。

日本飞机在厚厚的云层上方飞行着。

当时是周日早上，美军船只停靠在一起，甲板上没有海军士兵。更容易成为攻击的目标。300 架飞机停在岛上的飞机场，其中只有 3 架起飞，地面的其余飞机停靠得非常紧凑。

7 时 30 分，渊田发送了著名的无线电电报“虎，虎，虎”——意思是打得美国人措手不及。

紧接着，日本飞机开始袭击。

遭遇袭击

第一颗炮弹落下的时候，听见炮声的美国人还以为是自己的某架飞机不小心丢下来的。直到一架俯冲轰炸机炸毁福特岛指挥中心的飞机库，指挥官洛根·拉姆齐（Logan Ramsay）才意识到福特岛遭遇攻击。他心急火燎地发送无线电电报："空袭，珍珠港。这不是演习。"

12月7日7时55分，太平洋舰队和周围飞机场遭到全面攻击。在接下来的两个小时内，炮弹如雨点般落下，鱼雷划破了美国海军战舰毫无保护的外壳。爆炸声不绝于耳。美军炮手试图还击，却有心无力，因为行将倾覆的甲板上敌方火力密集，而且弹药短缺，因为弹药都锁在了贮藏箱里。

"亚利桑那"号战舰爆炸，被彻底摧毁，"俄克拉荷马"号倾覆，"加利福尼亚"号、"内华达"号和"西弗吉尼亚"号在停泊处沉没，其他战列舰、3艘巡洋舰、3艘驱逐舰和另外几艘船也受损严重。停在地面上的大约169架飞机被彻底摧毁，150架飞机受损。总计约2403名美国人死亡，其中包括68名平民，还有1176人受伤。

日本损失了29架飞机，另有10架飞机勉强返回航空母舰，但由于受损严重，只好推下水为即将停靠的飞机腾地方，还有40架飞机轻度受损。这似乎是一场压倒性的胜利。不过，尽管渊田一再请求，南云忠一依然不肯再发起第三波攻击，加满燃料、载满炸弹的飞机只好停在甲板上待命。

当时，珍珠港美军防御系统崩溃，发起第三波或第四波攻击就能毁掉美军战舰并使美军飞机场报废，攻击美国海军燃料库就能将美国在太平洋地区的全套海军战略付之一炬。

为了接应归队的飞机，日本战舰行驶到距福特岛 190 英里（约 300 千米）范围内，此时容易受到攻击。南云忠一不知道美国航空母舰在哪里，不过此时此刻，它肯定在寻找日本人。他已经成功完成了此次任务。根据他刚收到的损坏情况报告，美国太平洋舰队至少 6 个月内无法行动，这正是日本所需要的。于是，南云忠一的旗舰“赤城”号升起了信号旗，下令朝西北方向撤退。在甲板下的日本飞行员大失所望地说：“现在我们可以长命百岁了。”

第二天，罗斯福总统在美国国会联席会议上发言：“昨天，1941 年 12 月 7 日是可耻的一天，美利坚合众国遭到了日本海空军精心策划的突然袭击。”

珍珠港并不是日本人攻击的唯一目标。罗斯福总统继续陈述当天发生的其他事情：

> 昨天，日军还攻击了马来群岛、中国香港岛、关岛、菲律宾群岛、威克岛，今晨日军又攻击了中途岛。鉴于日本 12 月 7 日星期天对我国进行的卑鄙无耻的无端攻击，在此我请求国会宣布，美利坚合众国与日本之间已经处于战争状态。

12 月 8 日下午 4 时 10 分，罗斯福总统签署宣战公告。同一天，英国也对日本宣战。

在日本人看来，攻占中国香港和新加坡特别可喜，因为英国一直被视为日本在远东地区的真正敌人。第二天，日本占领曼谷，并登陆塔拉瓦岛、马金群岛和吉尔伯特群岛。12 月 10 日，英国在苏伊士运河以东最厉害的两艘军舰——“威尔士亲王”号战列舰和“反击”号巡洋舰前往新加坡防御日军，不料双双在暹罗湾被击沉。同一天，日本登陆菲律宾主要岛屿吕宋岛。

1941 年 12 月 11 日，希特勒犯下第二次世界大战期间最大的错误——对美国宣战。依据《德意日三国同盟条约》，他没有义务这么做，就像日本当初没有对苏联宣战一样。

除了在太平洋地区采取防御行动之外，罗斯福还和丘吉尔定下协议，两国首先在欧洲进行战争。不过美国公众强烈要求惩罚敌人，报仇雪恨。切斯特·威廉·尼米兹（Chester W. Nimitz）上将被任命为太平洋舰队司令。他把日军突袭珍珠港时恰巧出海的 3 艘航空母舰集合起来——“列克星敦”号、“萨拉托加”号和“企业”号，再加上其他 5 艘航空母舰——“兰利”号、“突击者”号、“胡蜂”号、“大黄蜂”号和“约克城”号。这些航空母舰将成为参加太平洋战争的美国舰队的骨干力量。

空袭东京

1942 年 4 月 18 日，16 架 B-25 轰炸机在詹姆斯·杜立德（James Doolittle）的指挥下，从“大黄蜂”号航空母舰上起飞，飞往大约 600 英里（约 965 千米）之外的日本，每架飞机装载着 1 吨炸弹。美国本来希望航空母舰能再靠近点，不料航空母舰中途遭遇了日本巡逻船。日本巡逻船被击沉，不过日军还是及时通过无线电把美军靠近日本的消息发了回去。

美军没有放弃突袭计划，而是继续挺进，袭击目标包括东京、神户和横滨。接下来，打算继续飞往中国，此时中日交战已达 11 年。

由于燃料不足，其中一架飞机被迫在符拉迪沃斯托克附近降落，机组人员被当时尚未与日本开战的苏联人拘留，他们在 1943 年逃了出来。2 架飞机和 8 个人落在日本人手里。虽然他们是战俘，但还是有 3 人被枪杀，1 人在关押期间死于营养不良，2 人在所乘飞机坠海之后溺水而死。不过，参与此次行动的大部分人活了下来，虽然一些人受伤严重。

此次行动对日本的打击并不大，但最高指挥部向民众保证美国本土不会遭到轰炸。

为了把美国人挡在轰炸范围之外，山本五十六坚持要拿下中途岛。

珊瑚海海战

日本人和美国海军之间的首次对峙是发生于 1942 年 5 月 7—8 日的珊瑚海海战。

通过监控敌方通信，美国人发现日本意图占领新几内亚东南沿海的莫尔兹比港，并以此威胁澳大利亚。

因此，日本航空母舰“翔鹤”号和“瑞鹤”号遭到了美国航空母舰“列克星敦”号和“约克城”号的阻截。这些航空母舰彼此之间的距离从未小于 70 英里（约 112 千米），舰载飞机之间的战斗还是头一次。

1942 年 5 月 7 日，日本侦察机报告称看见一艘运输船和一艘巡洋舰，于是日本派出了一队强击机。日本人后来才发现，实际上只是一艘美国石油货船和一艘护送货船的驱逐舰。两艘船都被日军击沉。

美国以牙还牙，击沉了日本一艘轻型巡洋舰“祥凤”号和其他 4 艘巡洋舰。日本人根本不知道美国飞机是从哪里冒出来的。

▲ 1942 年 4 月 18 日，陆军航空队詹姆斯·杜立德把一枚日本奖牌拴在一颗重达 500 磅（约 227 千克）的炸弹上。不久，他手下的 16 架 B-25 轰炸机飞往日本，执行后来被称为“杜立德空袭”的行动。

第二天，“列克星敦”号航空母舰遭到鱼雷和炸弹的攻击。船上人员逃生，“列克星敦”号沉没。“约克城”号航空母舰严重受损，不得不撤退。与此同时，美国飞机对日本“翔鹤”号航空母舰造成破坏，“翔鹤”号只好逃向更为安全的海域。日本损失的飞机比美国更多。“瑞鹤”号得益于低空云遮蔽，所以未受到破坏。

日本在这场战役中以微弱优势胜出，不过日本人撤退，将战场留给了美国人。

中途岛战役

中途岛位于太平洋中部，面积仅 2 平方英里（约 5 平方千米），岛上除了美国军事人员，没有其他人居住。该岛是美国在太平洋仅次于珍珠港的第二大海军基地。

山本上将打算迅速出击赶走美国人，占领中途岛这个备用机场。他还认为这会促使美国动用航空母舰，届时日本可以派一支顶级突击部队将其一网打尽。另外，他还计划攻占美国领土阿留申群岛，分散美军的注意力。

美国电码译员知道日本正在计划一个行动，但无法确定攻击目标是哪里。情报部门主管约瑟夫·罗切福特（Joseph P. Rochefort）指挥官让中途岛美军基地广播一则虚假消息，称岛上的海水淡化装置发生故障。接着，日本在密电中提到“目标在淡水方面出现问题”。美国由此确定日本目标为中途岛。于是，包括刚修好的“约克城”号在内的美国航空母舰各就各位。

1942 年 6 月 4 日黎明，美日双方各派出探鱼飞机。不出所料，美国飞行员偶遇日本海军。不过，日本人的注意力集中在中途岛的军事力量上。直到后来，日本人才发现美国舰队的存在。

虽然空军基地几乎毫发无损，但日本零式战斗机却大败美国飞机。

三菱 A6M 零式战斗机是日本舰队的骄傲。零式战斗机、编号为“瓦尔”的爱知 D3A 俯冲轰炸机和编号为“凯蒂”的中岛 B5N 强击机联合出击，后者能够装载 18 英寸（约 46 厘米）鱼雷或 1757 磅（约 797 千克）穿甲弹。这些都由 3 艘日本航母舰队运送就位。

▲ 1942 年 6 月 6 日中午过后，美国“大黄蜂”号航空母舰上英勇无畏的俯冲轰炸机飞行员靠近受损严重的日本重型巡洋舰“三隈”号，向其发起第三轮攻击。

▲ 1942 年 6 月 6 日下午，日本重型巡洋舰“三隈”号遭到美国“企业”号和“大黄蜂”号航空母舰上飞机的轰炸。

直到上午 10 时 25 分——日本首次攻打中途岛大约 4 个小时后——美军方面才出现重大进展。3 支侦察轰炸机中队——2 支来自“企业”号，1 支来自“约克城”号——瞄准了日本 4 艘此刻甲板上停满重新加满燃料、全副武装的飞机的航空母舰。顷刻之间，“赤城”号、“加贺”号和“苍龙”号航空母舰燃起熊熊大火，失去了战斗力，只有“飞龙”号还能运作。

大约 90 分钟后，日本 18 架俯冲轰炸机在 6 架战斗机的护送下找到“约克城”号，投出的炮弹其中 3 枚直接命中目标，“约克城”号严重受损。日军对“约克城”号发起第二轮攻击，进一步对其造成损坏，美军不得不将其舍弃。

两天后，日本潜艇的一枚鱼雷将“约克城”号彻底击沉。

▲ 美国设计师诺曼·贝尔·盖迪斯（Norman Bel Geddes）创作的立体模型，描绘了中途岛战役期间 1942 年 6 月 6 日下午日本潜艇 I-168 用鱼雷炸毁美国“哈曼”号驱逐舰和“约克城”号航空母舰时的场景。

美国舰载飞机再一次进攻“飞龙”号，对其造成严重破坏。火势失去控制，“飞龙”号上的日军最终不得不弃船而逃。山口上将和加来舰长自杀。

在几个小时之内，山本放弃了中途岛行动。日军占领了阿留申群岛的两座小岛，但日本海军损失了 4 艘重型航母、1 艘重型巡洋舰、100 名飞行员、3400 名水手、3 名航母舰长和 1 名上将。

美军总共损失了 1 艘航空母舰、1 艘驱逐舰和 150 架飞机。

珍珠港事件爆发 6 个月后，这场争夺太平洋控制权的战争开始朝着对美国有利的方向发展。

第六章

欧洲的“软肋”

A Short History of World War II

在 1943 年 1 月的卡萨布兰卡会议上，丘吉尔试图说服罗斯福，同盟国下一步应该攻打欧洲的“软肋”——第二次世界大战进行到此时，意大利看起来特别脆弱。墨索里尼 1940 年 6 月 10 日参战时，他有 75 个师的兵力，后来又召集了 20 个师，但仅在非洲就折损了 27 个师。意大利第八军被派往苏联，参加希特勒的“讨伐布尔什维克主义战争”。意大利 36 个旅的兵力正在巴尔干半岛攻打游击队或者占领法国。在 3 年时间内，墨索里尼手下军队折损率超过三分之一。

1943 年，只有 30 个师的兵力可以用来保卫意大利国土——其中一些还没有进入待战状态，仅有 20 个师可以应对盟军进攻。除了常备军之外，还有海防部队——相当于意大利的地方军。虽然地方军有 21 个师和 5 个旅，但多数是年龄较大的人，而且装备很差，用的还是 1942 年维希政府法国军队解散后闲置的武器。武器往往缺少零件或没有弹药可用。海防部队分散在意大利漫长海岸线的各处，在西西里岛，每英里只有 41 人防守。这支部队根本无法抵御决意进攻的同盟国军队。

对盟军而言，凡是会看地图的人显然都知道盟军的下一步行动是进攻西西里岛。不过，双十委员会的两个成员阿奇博尔德·肖尔曼德利（Archibald Cholmondley）少校和伊文·蒙塔古（Ewen Montagu）少校想出了一个巧妙的计划：将伪造的文件“送”到德国人手里，文件内容表明盟军即将进攻撒丁岛。

他们用潜水艇把身上装着伪造文件的一具尸体丢在西班牙海岸，西班牙的法西斯政府和德国军事谍报局合作密切，到时候这具尸体就会被认为是试图飞过敌占区却不慎飞机失事的盟军情报员。

墨索里尼站在一辆意大利坦克顶上发表讲话。

这次后来被称作“肉馅行动”的计划非常完美。希特勒下令加固撒丁岛和附近科西嘉岛的防御工事，并往撒丁岛派了一个旅的党卫军。希特勒把在法国的一个德国装甲师和在苏联的两个装甲师调到希腊，此时正值库尔斯克坦克大会战前夕。隆美尔被派往希腊建立一个集团军群。

6月6日，盟军的真实意图显露，盟军飞机开始轰炸位于突尼斯和西西里岛中间海峡的海岛要塞潘特里亚岛。在6天内，盟军投下

零时：盟军开始进攻西西里岛——零时到来，盟军士兵收到“出发”的指令。

6550 吨炸弹。6 月 12 日，基诺·帕维斯（Gino Pavesi）中将带领 12 000 人的部队投降。

1943 年 7 月 10 日，蒙哥马利的第八军和乔治·巴顿将军的第七军登陆西西里岛南部海岸。“肉馅行动”的成功意味着西西里岛的防卫军会从面对撒丁岛的北岸过来。不过，岛上的防卫军知道盟军迟早会发动进攻。在此前一个月内，4000 架盟军飞机已经多次轰炸该岛，岛上包括飞机场在内的防御工事和军事设施有很多已经被炸毁。

即便如此，后来的“哈士奇行动”差点变成了一场灾难。前一天晚上，轴心国飞机侦察到盟军舰队正在离开马耳他。那天晚上，盟军舰队遭遇了暴风雨，差点儿被迫返航。不过，正是由于天气恶劣，西西里岛防卫军放松了警惕。

但是，大风对空降部队造成了很大的伤害，把滑翔机和伞兵刮到海里，很多人坠海身亡。在早晨 5 时成功登陆该岛的人分散在各处。但很快他们便成功破坏了敌人的行动，约 100 名英国空降兵占领了卡塔尼亚南边普里姆索的一处重要桥梁。直到 5 天后，意大利第八军才赶来为轴心国军队解围。

哈士奇行动

1943 年 7 月 10 日黎明时分，意大利海岸护卫队遭到了战术飞机的袭击和海军炮火的轰炸。接着，一支由 2590 艘船只组成的舰队抵达，其中包括 237 艘运输舰和 1742 艘登陆艇，115 000 名英国和加拿大士兵以及 66 000 名美国士兵开始登陆。

“迎接”盟军的是意大利第六军的 230 000 名士兵和 150 门大炮，第六军的机动部队很少，有部分机动化的第十五装甲掷弹兵师和“赫尔曼·戈林”装甲师做后援，后者只有 2 个营的步兵和不到 100 辆坦克——虽然这包括一队虎王坦克。此外，还有一个师和一个旅的海防军队死死守住西西里岛南海岸的 120 英里（约 190 千米）土地，抵挡英美 6 个师的进攻。与此同时，在利卡塔西边，2 个营的海防军队在抵御美国第三师的进攻。

意大利海防队顽固抵御盟军进攻。但盟军人多势众，又有坦克做后援，海防队几乎全军覆没。到晚上，意大利第六军指挥官阿尔弗雷多·古佐尼（Alfredo Guzzoni）将军命令第十五装甲掷弹兵师守住中心城镇恩纳，并派“赫尔曼·戈林”装甲师和意大利“里窝那”师进攻位于格拉的美军据点。

第二天早上，德国装甲部队奔向美军第一师的前锋哨岗，不过德军一进入离海滩 2000 码（约 1829 米）距离内，就遭到了 6 艘驱逐舰以及“萨凡纳”号和“博伊西”号巡洋舰的炮火攻击。

美军射出 3194 枚 5 英寸（约 12.7 厘米）和 6 英寸（约 15 厘米）子弹，摧毁了德军 30 辆坦克。“里窝那”师也损伤严重。与此同时，英国第八军不费一枪一弹占领了奥古斯塔港和锡拉库扎港，因为当地的卫戍部队已经撤离。

7 月 14 日，英国第八军和美国第七军偶然相遇。蒙哥马利当时打算疾速进军墨西拿东海岸，包围岛上的部队并逼其投降，不料驻意大利的德军总司令阿尔贝特·凯塞林（Albert Kesselring）元帅先发制人。凯塞林派了第二十九装甲掷弹兵师和 2 个伞兵团。7 月 17 日，德国汉斯·胡贝将军及其第九装甲军团接管了西西里岛所有的德军战斗队伍。德军激烈抵抗，蒙哥马利在卡塔尼亚止步。于是，他挥师内陆，转而进攻埃特纳山西边。

包　围

1943年7月22日，巴顿将军向西挺进，占领了西西里首府巴勒莫。他还打算沿着北海岸突袭墨西拿，然而胡贝在海岸公路途中的小镇圣斯特凡诺截住了他。与此同时，加拿大第一师绕过恩纳，向西北方向挺进，准备把防卫军堵在该岛东北角。此时英国第七十八师从锡拉库扎港登陆，美国第九师从巴勒莫登陆。这样一来，盟军的兵力就扩充到 11 个师。眼见盟军人多势众，胡贝只好撤退。

意军已经在北非吃了不少败仗，如今意大利欧洲大陆上的领土遭到盟军威胁，他们迫切想与盟军讲和。1943 年 7 月 24 日晚，法西斯大议会投票，要求墨索里尼下台。第二天，墨索里尼被逮捕并囚禁于阿布鲁齐群山高处的帝王台，这里地势险恶，守卫森严，外人很难营救他。与此同时，意大利新政府开始与同盟国进行秘密和谈。

墨索里尼下台几天后，凯塞林从西西里岛撤回第九装甲军团的 4 个师。墨西拿海峡布满高射炮，胡贝带领手下三分之二的军队通过。3 个小时后，英军和美军在墨西拿废墟上会合。此时，盟军与意大利欧洲大陆的领土之间只有 2 英里（约 3.2 千米）宽的距离。

“哈士奇行动”的代价是盟军 5532 人阵亡，14 410 人受伤，

2869人失踪。意军死亡4278人，德军死亡4325人。盟军俘虏了大约132 000人，还缴获了520门大炮和260辆坦克。

进军意大利

1943年9月2日，一小支盟军登陆意大利整个版图的“脚后跟”，迅速占领了布林迪西和塔兰托。第二天，蒙哥马利的第八军跨越墨西拿海峡，登陆意大利“脚趾”上的卡拉布利亚。

同一天，意大利新政府接受了同盟国的和平条件。

根据和约，美军答应派第八十二空降师在罗马郊区降落并占领罗马，不料德国第三装甲掷弹兵师抢先赶到了那里。

萨勒诺

1943年9月9日，英美军队在马克·克拉克将军带领下登陆那不勒斯南边30英里（约50千米）的萨勒诺。凯塞林对此早有预料，派兵把盟军堵在据点，一堵就是6天。

还有17个师在隆美尔的指挥下被派往意大利，隆美尔把指挥总部设在博洛尼亚。有几支意大利军队逃走了，不过隆美尔接管了剩下的10个师，将其收归麾下。

为了给吞并意大利行动寻找合法性，希特勒策划了一起营救墨索

萨勒诺登陆：1943 年 9 月 9 日，盟军登陆那不勒斯北边的萨勒诺。

里尼的阴谋。1943年9月12日，一支德国突击队在党卫军军官奥托·斯科尔兹内（Otto Skorzeny）的指挥下，乘滑翔机在囚禁墨索里尼的帝王台后面山坡上紧急降落，将他解救出来。

墨索里尼飞往慕尼黑，希特勒建议他在意大利北部建立一个新的法西斯共和国。9月18日，意大利社会共和国在加尔达湖湖畔的萨罗城成立。

9月12日，凯塞林进行反击。他集中兵力进攻右翼的英国第五十六师和左翼的美国第四十五师，因为这两支队伍进军速度较快。接着，德军试图包围美军并摧毁其设在萨勒诺的据点。战斗在布鲁恰托桥周围展开。

克拉克将手下所有的士兵都派上战场，甚至包括军乐队成员、司令部勤务兵和厨子。然而，德军攻势渐弱，希特勒不肯派兵增援凯塞林的第十军，因为隆美尔说服了希特勒，他认为在意大利南边拉斯佩齐亚至里米尼一带无法抵挡美军。

在萨勒诺，德军在离海滩 5 英里（约 8 千米）远的地方遭到盟军海军炮火的压制。德军的新型无线电遥控炸弹击中了美国“萨凡纳”号巡洋舰、英国“乌干达”号巡洋舰和“厌战”号战列舰。最终，蒙哥马利在阿格罗波利突围后，赶来为美军解围。德国第十军被打败，美军也付出了伤亡 5574 人的代价。

10 月 1 日，美国第五军进入那不勒斯，更多的英军从亚得里亚海岸的巴里和泰尔莫利登陆。1943 年 10 月 13 日，意大利政府对德国宣战。凯塞林对此不以为意，因为增援部队已经巩固了德军对意大利北部和中部的控制。隆美尔的装甲部队在那不勒斯北边仅 20 英里（约 32 千米）的沃尔图诺河遏制住了美国第五军，接着又将其堵在加里利亚诺河。不过，隆美尔仍然敦促德国放弃罗马，撤到北方。11 月 21 日，他被革职，凯塞林留下来全权指挥战事。

在东海岸，英军在桑格罗河停下来。因道路崎岖难行，行军速度缓慢，车辆都被堵在路上。法军因此把 65 000 名士兵和 2500 匹马和骡子交给第二摩洛哥师和第三阿尔及利亚师负责。第二摩洛哥师参战以来第一次证明了自己的能力，为法国远征军在盟军中赢得了一席之地。

安齐奥

古斯塔夫防线是意大利半岛一处绵延 100 英里（约 160 千米）的防御阵地，德军沿着这道防线以卡西诺镇为中心挖战壕，小镇上方的山上坐落着历史悠久的蒙特卡西诺修道院。

通往罗马的道路如今行进艰难。1944 年 1 月 22 日，盟军再次发动两栖攻击，7 万名盟军士兵从安齐奥和附近的聂图诺登陆，这里距离罗马南边仅 37 英里（约 59 千米），在古斯塔夫防线后面 60 英里（约 97 千米）处。

登陆行动最初很成功，可是美国指挥官约翰·卢卡斯（John P. Lucas）少将没有抓住机会猛攻罗马，从而切断德军通信并逼迫凯塞林从古斯塔夫防线撤走。相反，卢卡斯把几乎一周的时间浪费在巩固据点上，这让凯塞林有足够时间发起反击，并成功地将英美大军堵在据点里动弹不得。丘吉尔在写给英军驻意大利部队总司令亚历山大的信中失望地说：“本希望看到一只野猫咆哮山林，结果我看见了什么？一条鲸鱼被困浅滩。”

丘吉尔认为，如果安齐奥和聂图诺登陆行动成功，那么他的整个“软肋”战略就会被证明是正确的，英美军队就能登上意大利半岛，然后经由奥地利，抢在苏联红军前面进入德国。

卢卡斯动弹不得，只得采取静态防御，结果遭到德军 28 厘米轨道炮的轰炸，这种轨道炮别称“安齐奥·安妮”或“安齐奥快车”。安齐奥和聂图诺登陆行动未能冲破古斯塔夫防线，盟军必须有所突破才行。新西兰军团奉命从利里河谷往上发起攻击。新西兰军团指挥官伯纳德·弗赖伯格（Bernard Freyberg）中将坚持认为，在他领兵进攻之前应该炮轰山谷上方历史悠久的蒙特卡西诺修道院。

蒙特卡西诺

1944 年 2 月 15 日早上，229 架美国轰炸机将 453 吨燃烧弹和高能炸药投向修道院，修道院被夷为平地。然而，这并没有带来盟军所渴望的突破。3 月 15 日，775 架飞机将 1250 吨炸弹抛向卡西诺小镇，轰炸持续了两个小时。结果此举弄巧成拙——瓦砾是德军绝佳的防御阵地，弹坑也不利于装甲部队的调度。

卡西诺镇街道上的战斗很像战况激烈的斯大林格勒战役，英军廓尔喀士兵也在蒙特卡西诺修道院的山坡上为争几尺土地艰苦奋战。3 月 23 日，伯纳德·弗赖伯格下令停止进攻，两千多人牺牲，既定目标却一个也没有实现。

于是，亚历山大将军调来亚得里亚海地区的英国第八军支援蒙特卡西诺修道院攻坚战。两军在 5 月 11 日晚上联合出击，突破了卡西诺镇和海岸中间地带。5 月 18 日，第八军波兰军团最终占领蒙特卡西诺修道院。

为了防守古斯塔夫防线，凯塞林不得不从安齐奥抽调兵力，结果盟军却从此处突围。接着，第八军加拿大军团攻占利里河谷，古斯塔夫防线开始崩溃。马克·克拉克将军此时迅速挺进罗马。凯塞林评估局势，宣布罗马为“不设防城市”，并撤走军队。

6 月 5 日，克拉克进入罗马。这天是诺曼底登陆日的前一天，人们欢欣鼓舞，士气大振。敌国的首都落入盟军手里。不过，从军事角度看，克拉克挺进罗马是一个错误。他错失了包围从古斯塔夫防线撤退的德军的机会，让德军得以有时间有条不紊地撤向罗马北边 160 英里（约 260 千米）亚诺河沿岸的另一处防线。

6 月 7 日，亚历山大向丘吉尔报告说，即使阿尔卑斯山也吓不倒他的军队。眼看盟军即将抢在苏联前面拿下南斯拉夫甚至维也纳，丘吉尔高兴不已，然而英军参谋官们却怀疑亚历山大能否在年底之前抵达阿尔卑斯山。这些参谋官是对的。虽然亚诺河沿岸防线于 8 月 13 日被击破，但德军紧接着又撤向更北边戒备森严的哥特防线。

盟军又在亚平宁山脉高处度过了一个瑟瑟发抖的冬天。不过，盟军的供应线在成千上万平民的帮助下始终保持畅通，而德军却没少吃防线背后游击队员的苦头。

独裁者灭亡

1945 年 4 月 25 日，盟军装甲部队跨过波河。

一周后，C 集团军的德国和意大利剩余军队——将近 100 万人——向盟军投降。意大利战争结束了。墨索里尼化装成一名德国士兵，试图越过边境逃往瑞士，结果被游击队捉住。

1945 年 4 月 28 日，墨索里尼及其情妇克拉拉·佩塔奇被枪毙。两人的尸体被倒挂在米兰洛雷托广场的路灯柱上。

进入罗马：1944 年 6 月 5 日，马克·克拉克将军成为首位进入罗马城的盟军军官。

第七章

解放法国

A Short History of World War II

自美国参战以来，苏联一直呼吁盟军登陆法国，开辟第二战场。丘吉尔对此持反对意见，尤其是在 1942 年 8 月突袭迪耶普惨败之后，不过他所主张的通过意大利拿下欧洲“软肋”的战略似乎也并不奏效。

在第二次世界大战初期，进入法国并不实际。盟军经由大西洋运载士兵和物资的船只容易受到德国 U 型潜水艇的攻击。不过，到 1943 年，德国英格玛密码已经被破解，测向、声呐和深水炸弹方面的进展也挫败了 U 型潜水艇威胁。盟军定于 1944 年 6 月 5 日实施“霸王行动”，即登陆诺曼底。

迎 战

1944 年春天，大约 200 万吨军事物资在英国集结，包括 5 万多辆坦克、装甲车、吉普车和卡车。但 1944 年 4 月 27 日，在德文郡海岸，德国快速鱼雷艇偷偷突破近海防御，杀害了 949 名正为诺曼底登陆进行训练的美国军人。

与此同时，盟军竭尽全力欺骗德国人。真坦克和装甲车被藏在树底下，其他用橡胶和夹板制成的假坦克和装甲车则摆在德国侦察机能看见的地方。在“坚忍行动”中，纯属虚构的由巴顿将军领导的第一美国集团军在英国东南部集合，貌似准备开往法国加来。

在英吉利海峡对岸，大西洋壁垒从挪威延伸到西班牙，这是一道混凝土防御工事。不过，当隆美尔抵达法国主事的时候，他发现很多炮位都是半成品，需要布置的雷区也只完成了不到一半。1944 年最初的几个月，隆美尔大刀阔斧地重新建造防御工事。

▲ 美国工兵检查诺曼底悬崖边一处被攻占的德国炮位。这处炮位是希特勒“大西洋壁垒”防线的一部分。

诺曼底登陆日

6 月 4 日，天气不合时令地阴冷。

时任盟国远征军最高司令的艾森豪威尔将军决定把进攻时间推迟 24 小时。已经登船的军队闷在船上，有些人严重晕船，众人都在等待大风吹过来。

第二天，气象学者预测天将放晴。

1944 年 6 月 5 日，1200 多艘战舰、4126 艘登陆艇和 804 艘运输船从英国扬帆起航。需要特别指出的是，盟军船上有 132 000 名年轻人是旱鸭子，而且大多数人一直在晕船。

6 月 6 日黎明将近。

德军与这支庞大的盟军舰队交火，空中一时间全是盟军飞机。此时，大约 23 500 名英国和美国空降兵已经在内陆降落。德军在地面上的抵抗毫无组织，最大的危险来自杜夫河和梅德列河周围的沼泽以及遍布做好了迎战准备的隆美尔军队的迪弗谷。一些人因滑翔机坠机而死，其中 20 名伞兵降落在一处乡村广场，结果被德军杀死或俘虏。

黎明时分，第八十二空降师解放了圣梅尔埃格利斯，这是第一个摆脱德国占领的法国村庄。

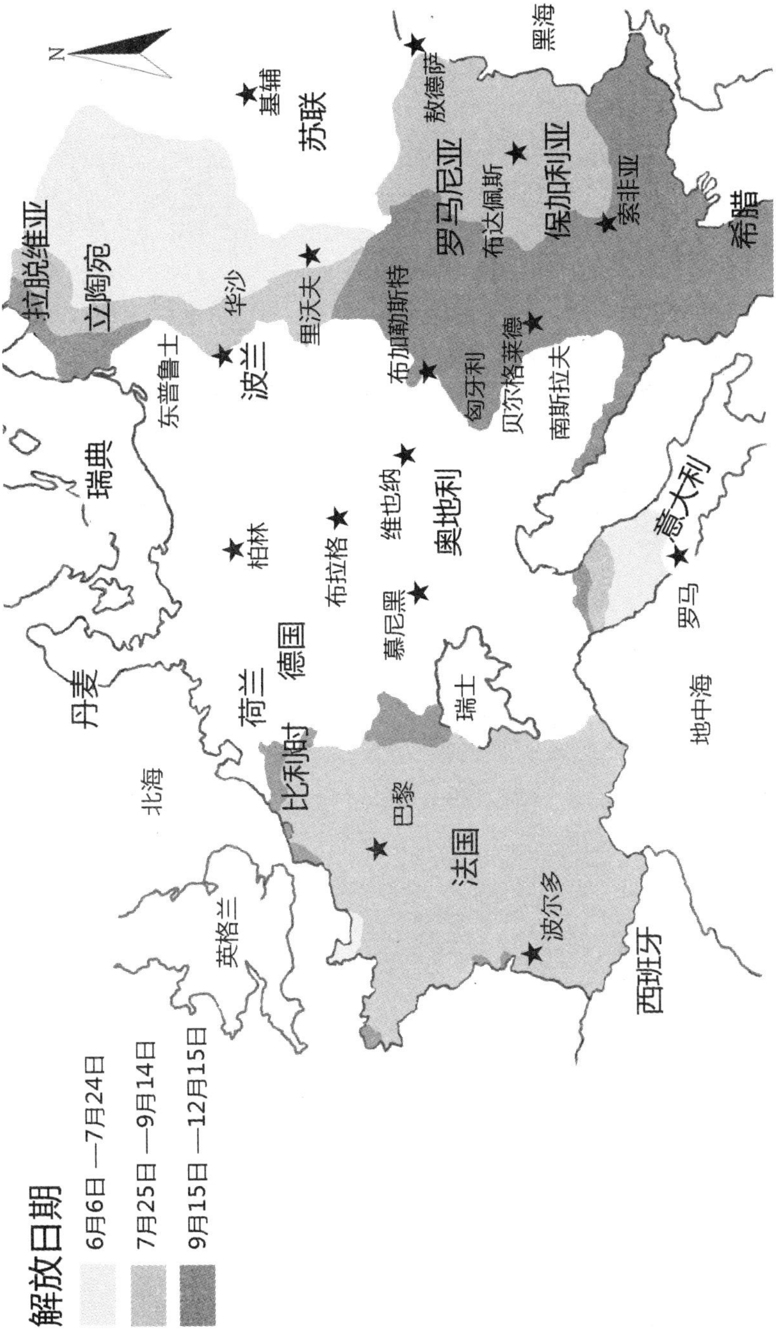

▲ 1944 年，诺曼底登陆之后的欧洲解放。

诺曼底登陆日凌晨，英国第六空降师取得了卡昂运河上的重要桥梁。这座桥现在以该空降师的飞马徽章命名。

飞马桥

英国第六空降师奉命攻打横跨卡昂运河和贝努维尔的奥恩河的桥梁。取得的第一座桥把持着东边的通道，特别是加来海峡。这座桥从此以第六空降师的飞马徽章命名，名为“飞马桥”。

正是在这座桥上，英军击毙了第一个德国士兵。一名年轻的德国哨兵在发射信号弹警告战友的时候，被英军开枪击毙。片刻之后，德国机枪手打死第一名英国中尉。这名英国中尉名叫赫伯特·德纳姆·布拉泽里奇（Herbert Denham Brotheridge）。当晚，约翰·霍华德少校亲自挑选一支30人的小队参与行动。这支小队是他带领的6支小队之一。6月6日凌晨2时，布拉泽里奇的滑翔机紧急降落在敌方防御铁丝网边，他带领手下率先冲到桥上。

其他空降部队利用这次袭击的突然性，先是消灭德军的小型岗哨，然后隐蔽起来等待海滩那边盟军的支援。

虽然海滩防御军队遭到炮弹袭击，但德国指挥官还是不确定诺曼底登陆开始了。他们没有料到盟军会在恶劣的天气条件下发动攻击。盟军空军为了转移注意力又袭击了加来附近，再次让德军认为盟军会从那里发动攻击。盟军飞机扔下金属箔片，故意让德国雷达探测到，制造舰队进攻的假象，与此同时假伞兵还在别处降落。

进攻的盟军由10个师组成，包括3个空降师，还有海军支援。在诺曼底等待着他们的是25个沿海静态师、16个步兵师和伞兵师、10个装甲师和机械师，还有7个备用师。

在灰色的黎明中，美国第一步兵师和第四步兵师前往代号为“犹他”和“奥马哈”的海滩，英军和加拿大军队前往代号为“朱诺”“剑”和“黄金”的海滩。这五处海滩分布在长达55英里（约88千米）的海岸上。

英军海滩

在黄金海滩，英军遇到了德军有组织的抵抗以及一段坚实的大西洋壁垒。这里的水下障碍物也比其他海滩多。时间一点点地过去了，英军被潮水冲上沙滩，这样扫雷工兵就无法完成清理海滩障碍物的任务。很多英国士兵死在沙滩上，因为海滩上火力很猛，但碉堡和炮位最终被飞机或海军炮摧毁。

到了下午，德军被击退。新兵不得不在沙丘、沼泽和附近的乡村作战。英军绿色霍华德团的军士长斯坦·霍利斯（Stan Hollis）因单枪匹马清除一处碉堡并吸引敌人炮火拯救了两名战友，被授予维多利亚十字勋章。

到这天结束时，黄金海滩的伤亡人数高达 1000 人。

24 000 名盟军士兵进攻朱诺海滩，其中 15 000 名是加拿大人，9000 名是英国人。和其他海滩一样，第一波进攻的士兵被上空的飞机和敌军大炮击退。轰炸机最初的炮击并没有起到保障道路安全的作用。

剑海滩也是一团混乱，盟军再次受阻。德国防卫军最初被袭击吓了一跳，但很快平复并开始抵抗。

洛瓦特勋爵（Lord Lovat）及其精锐突击队——包括德国反法西斯主义者——和风笛手比尔·米林（Bill Millin）一起登陆剑海滩。洛瓦特勋爵高昂头颅，拄着拐杖涉水而行。

他此行的目的是鼓舞士气。

美军海滩

犹他海滩的登陆行动堪称经典，这主要是因为空降部队已经摧毁了德军的抵抗力量。6 月 6 日，23 000 名盟军从犹他海滩登陆，伤亡 197 人。

临近奥马哈海滩的情况就大为不同了，低云量不利于轰炸机在登陆之前顺利发动袭击。舰炮轰击也不奏效，德国大炮基本毫发无损。不过，负责支援的驱逐舰的舰长们冒着巨大危险把驱逐舰开到岸边，尽量为登陆军队提供掩护。

▲ 美军在奥马哈海滩登陆，这里是诺曼底登陆日战况最激烈的战场。阻塞气球保护船只免受敌军空袭。

奥马哈海滩的德国防卫军是第三五二师久经沙场的老兵，他们刚从东方战线回来。盟军水陆坦克下来得太早，很多坦克沉没，淹死了里面的人。

退潮时，盟军士兵要走几百米才能找到地方避开炮火，因为死了很多人，一波又一波士兵只好踩着战友的尸体前进。由于登陆艇的门是打开的，很多人倒在敌人的机枪和炮口下。

很快，涨起的潮水淹没了伤兵，将其他士兵冲上海滩，进入敌人火线。德军防卫军火力密集，盟军支援部队无法靠近。盟军四散，无线电通信设备被摧毁，逃生通道里到处是残骸。杀戮持续了数小时，直到中午时分盟军向海滩高地发起攻击。奥马哈海滩的美军下午才成功使德国大炮沉默下来。

▲ 加拿大第三师的士兵在诺曼底科隆贝尔准备进攻。

更多的士兵从登陆艇上下来，在前线各就各位。

奥马哈海滩的最终死亡人数现今仍不清楚，据说大约 2500 人死在诺曼底登陆日结束之前。受伤士兵的人数也许是这个数字的三倍。仅美国第五军团就伤亡 2000 人。

此后，这次登陆行动被称为“血腥奥马哈”。

到诺曼底登陆日结束时，大约 155 000 名盟军士兵登陆，不过军事规划师此前设定的目标却没有实现几个。然而，伤亡人数比一些人担心的少多了，德国对欧洲被占领土的控制被打破。虽然如此，希特勒仍然兴高采烈地对手下将军们说，盟军来到国防军的地盘，正好将其一举消灭。

树篱迷宫

虽然盟军在诺曼底建立了据点，但美军三周后才解放瑟堡，英国和加拿大军队直到 7 月 18 日才占领距海岸仅 7.5 英里（约 12 千米）的卡昂，盟军原本计划登陆第一天就攻占这个地方的。

一些士兵在本该前进的时候挖战壕，而有关德军下落的情报也少得可怜。这个地区的路堤顶端覆盖着古老的灌木树篱，这些树篱高 6—20 英尺（1.8—6 米），称为树篱阵。这为德国防卫军提供了伪装的射击位置，盟军坦克也派不上用场。不过，盟军可以请求空军支援。德军如今飞机短缺。

▲ 1944 年 7 月 29 日，美国步兵穿过机枪交叉扫射地带，冲向德国党卫军把持的阵地。

飞机只能在白天压制德军的攻击，因此护卫队只有在夜色的掩护下才能前进。

深入法国后，盟军空袭和法国抵抗运动的破坏活动进一步扰乱了德国的供应网络。与此同时，来自诺曼底海滩的美军登上科唐坦半岛，包围了瑟堡。

卡　昂

德军和盟军都将卡昂视为诺曼底战役的关键，德国第二十一装甲师火速前往卡昂防守，第十二党卫军装甲师希特勒青年团也赶去增援，这是一支装备有可怕的虎王坦克的德军精锐部队。蒙哥马利的第七装甲师冒险进入维莱尔－波卡基，这是通往卡昂路上的一个重要中转站，结果遭到第五〇一党卫军重型坦克营的伏击。

当时担任西部指挥的隆美尔和格尔德・冯・伦德施泰特劝说希特勒亲自前来法国评估战局。6 月 17 日，在巴黎郊外，隆美尔向希特勒解释道，等盟军占领卡昂以后，他们肯定会向巴黎挺进。他提议重组德国军队，然后从侧翼进攻盟军。

希特勒对此并不感兴趣。他认为被称为“超级赛车”的 V1 飞弹——第一枚飞弹 4 天前刚击中伦敦——德国研制的喷气式飞机给了德军绝对的空中优势。隆美尔提议的重要军事行动也被否决，希特勒还警告他不要犯“失败主义”的错误，并让服从性较高的京特・冯・克鲁格（Gunther von Kluge）元帅接替格尔德・冯・伦德施泰特的职位。

的确，被称为“超级赛车”或“嗡嗡炸弹”的 V1 飞弹使伦敦重新回到恐怖性轰炸的日子。大约8000枚V1飞弹如雨点般在英国落下，直到盟军在诺曼底登陆大约三个月后摧毁飞弹发射场。接着，德军又动用装载着一吨弹头的远程 V2 火箭。英国皇家空军对此进行反击，使用重达 12 000 磅（约 544 千克）的“高脚杯”炸弹击穿德军存放 V 型火箭的钢筋混凝土贮仓。

希特勒本人阻碍了喷气式战斗机梅塞施密特 Me-262 的顺利问世，他要求它同时具备轰炸机和战斗机的功能。这耽搁了这款战斗机的大批量生产，直到第二次世界大战德军眼看大势已去。

▲ 虎王坦克是西部战线最厉害的坦克，对英美军队构成严重威胁。

6 月 19 日，盟军占领瑟勒河畔蒂伊镇之后，工兵清理雷区。一辆被地雷炸毁的履带式小型装甲车倒在地上。

马尔伯里港口

6 月 19 日，40 年来最严重的暴风雨席卷诺曼底，破坏了盟军临时用来接收英吉利海峡对岸所运来物资的马尔伯里港口。奥马哈海滩的马尔伯里港口以往货物运送量达 14 500 吨，暴风雨过后损坏严重，短期内无法修复。直到 6 月 29 日，马尔伯里港口才恢复正常使用。

美军占领瑟堡之后，发现港口设施毁坏严重。不过，到月底，英吉利海峡的海底输油管已能每天从英国送来 8000 吨汽油。

向东突破

6 月 26 日，蒙哥马利试图领兵向南，接着向东攻占卡昂周围的高地。经过无比艰难的浴血奋战，盟军第十一装甲师抵达 112 高地，但不敌三个德国装甲师，只得撤退。

7 月 4 日，在停靠海岸的军舰、大炮和配有火箭炮的台风战斗机的支持下，加拿大第三师试图清除通向卡昂西边道路的敌人，但遭到第十二党卫军装甲师的顽强抵抗，战斗持续了两天。

7 月 7 日，英国皇家空军出动 457 架飞机，将大约 2300 吨炸弹投向城市北部，半个城市变成一片废墟。轰炸过后，步兵得以发动进攻，可是弹坑阻碍了坦克和装甲车前进的步伐。失去保护的士兵小心翼翼地穿过硝烟弥漫的瓦砾，在敌军狙击手的不断骚扰下前行。

巷战之后，德军撤到奥恩河对岸防守严密的阵地，如果德军抵抗的话，仍然能够袭击盟军。

3 天后，第四十三韦塞克斯师夺回 112 高地，直到 48 个小时后被德军两个装甲师击败，仅第四十三韦塞克斯师就伤亡 2000 人。112 高地易手数次。隆美尔曾说过，谁占领了 112 高地，谁就拥有了诺曼底的控制权。

“良木行动”于 7 月 18 日开始实施，一场大规模空袭上演。军队和坦克最终清除卡昂废墟中的敌人。盟军接下来朝法莱兹行进大约 3 英里（约 5 千米），就被架在布哥布分水岭山脊上的德国反坦克炮拦住了去路。7 月 20 日，此次行动最终被取消。盟军共计损失大约 4000 人和 500 辆坦克，是当时诺曼底英军总人数的三分之一。

7 月 17 日，隆美尔所乘汽车遭到盟军飞机扫射，他本人受伤，只好返回德国疗伤。后来，他因为卷入 7 月 20 日刺杀希特勒事件，被迫自杀。

7 月 23 日，由亨利・克勒拉尔（Henry Crerar）将军领导的加拿大第一军进入蒙哥马利的行动区域。8 月 1 日，乔治・巴顿将军也带领美国第三集团军投入战斗。正如隆美尔所担心的，一旦英国、美国和加拿大军队在欧洲大陆站稳脚跟，再想赶走他们就难上加难了。

法莱兹缺口

由于蒙哥马利在东边进展缓慢，时任美国第十二军指挥官的布雷德利派巴顿及其第三军横扫南边，然后向东包围德军。希特勒意识到了危险，但为时已晚。他已经命令冯・克鲁格从英军前线调来 4 个装甲师攻打美军，但克鲁格要等到 8 月 7 日才能调来人马。

希特勒打算对阿弗朗什狭口发起反击，封上那里的缺口，切断巴顿的补给线。然而，希特勒此刻远在 800 英里（约 1300 千米）之外的东普鲁士司令部，而他在诺曼底战场的手下对这次反击却持反对意见。他们明白诺曼底战役大势已去，德军应该经塞纳河有序撤退才对。

逃 跑

希特勒派出刚从加来海峡调来的第十五军的 4 个师。不过，盟军轰炸机炸毁塞纳河沿线剩余的桥梁，截断了德军的退路。与此同时，巴顿走捷径取道法国西北部的乡村道路，于 8 月 8 日占领勒芒。

在北边，德军五个装甲师和 2 个步兵师前往阿弗朗什，途中在莫尔坦“撞上”了美军的一个师。美军拖住德军，直到盟军其他部队赶来援助。

不容小觑的美军从维尔发起反击，英军从北边攻打康迪，巴顿将军向北关闭包围圈。德军此时被困在莫尔坦和法莱兹之间的一小块地方，遭到盟军空军无情的轰炸和扫射。

8 月 14 日，德军唯一的出路就是法莱兹的加拿大军队和巴顿第三集团军之间长达 18 英里（约 30 千米）的缺口。巴顿想赶往法莱兹，封闭缺口关门打狗，但他手下急速前行的军队丧失了凝聚力，布雷德利命令他停下来。

此时，德军士兵有很多丧命于法国的抵抗组织，还有大批德军向盟军投降。在一片混乱中，克鲁格失踪了。他再次出现后，指挥权被解除，自杀身亡。8 月 17 日，法莱兹两支盟军军队之间的缺口只剩下 11 英里（约 18 千米），德军穿过缺口向东逃窜。8 月 18 日，缺口压缩到 6 英里（约 10 千米）。盟军在其上方不间断地展开空袭，试图穿过缺口的人几乎必死无疑。

8月20日，缺口封闭。

艾森豪威尔后来回忆起这次战役：

> 法莱兹战场是所有战区中最惨烈的场所之一。道路、公路和田野到处是损毁的装备、人和动物的尸体，要想穿过这个区域极其困难。封闭缺口48小时之后，我跟着部队步行前进，结果看见了只有但丁才能描绘的场景。毫不夸张地说，每走上几百码距离，脚下除了腐烂的死尸，连地面都踩不到。

在法莱兹包围战期间，约有1万名德军在6天内被击毙，还有5万人沦为俘虏。在逃走的2万—5万名德军中，很多人还没有走到塞纳河就被击毙了。更多的德军士兵弃械投降。2个装甲师和8个步兵师几乎全体被俘。德军在诺曼底损失的士兵人数共计40万人，其中半数被俘。盟军伤亡共20 9672人，其中36 976人阵亡。德军还损失了1300辆坦克、1500门大炮和20 000辆车。

此时，盟军登陆法属里维埃拉，后被称为“香槟战役”。一名法国人手持托盘，托盘里放着一瓶香槟和几只酒杯，站在海滩上迎接盟军。“欢迎，你们来得有点儿晚啊。”这个端着香槟的法国人温柔地责备道。

接着，盟军开始猛攻维希法国。欧洲西部剩下的德军匆忙奔向德国边境。

解放巴黎

8 月中旬，盟军接近巴黎，几周后，巴黎肯定就会解放。实际上，巴黎人认为他们等不了那么久。听见市区边缘盟军隆隆炮火声之后，抵抗组织于 8 月 19 日组织起义。此时，盟军已来到城门口，起义的结果只有一种。

德军指挥官迪特里希・冯・肖尔铁茨（Dietrich von Choltitz）将军接到希特勒的命令，希特勒要他放火烧了巴黎，把巴黎变成像华沙一样的废墟。肖尔铁茨没有听命，巴黎躲过一劫。

▲ 受到城外盟军炮火声的鼓舞，巴黎人民拿起武器反抗德国占领军。

由于担心平民伤亡，盟军此前一直推迟解放巴黎。这个决定如今被撤销。盟军派出一个装甲师，于8月24日抵达巴黎郊区。当天晚上，戴高乐将军不顾德军狙击手的火力威胁，沿着香榭丽舍大街散步。第二天，巴黎教堂钟声响起，为德占时期画上了句号。

全城上下一片欢欣鼓舞，民众开始处置通敌卖国的人。调查发现，诺曼底登陆日以后，法国民众处死了4167名卖国的法国人。

巴黎解放两天前，罗马尼亚转变立场。米哈伊一世接受莫斯科提出的无条件投降的要求，并允许德军在不骚扰民众的情况下和平离开。

保加利亚此时已经退出轴心国。

希特勒仍然拒绝求和。

第八章

进军德国

德军在斯大林格勒战败之后，准备撤出苏联。不过 1943 年夏天，德军试图再次夺取主动权。在库尔斯克周围开辟出 150 英里（约 240 千米）宽的庞大阵地，苏联战线向西延伸 100 英里（约 160 千米），插入德军战线。

1943 年 4 月 15 日，希特勒下令实施“城堡行动”计划，旨在“包围驻扎库尔斯克的敌人，从四面发动进攻将其歼灭”。古德里安反对这项行动，担心德军会损失更多的坦克，而后方一时也凑不出那么多的坦克补缺。

东部战线德国第九军指挥官瓦尔特·莫德尔（Walther Model）将军也反对这次行动。他拿出空中侦察照片，照片显示苏联人在库尔斯克已经准备了强大的防御力量。同时，苏联已经预料到德军会发动钳形攻势，撤走了该地大多数的机动部队。可是希特勒“出于政治原因”，依然下令照常进攻。

由于新型黑豹坦克要到 5 月底才能准备好，此次行动推迟到 6 月 15 日。到那时，德国国防军召集了由 50 个师组成的突击队，共

90 万人。这支大军将由 17 个装甲师打前阵，并配备了 2700 辆坦克和自行突击炮。

苏联防御

苏军早已知道德军计划进攻，因此有大量的时间在阵地 16—25 英里（约 25—40 千米）深处部署防御。苏军工兵在战场上布了 40 万颗地雷，计划把德军装甲部队引入反坦克炮阵地。苏军拥有 6000 门反坦克炮，2000 门其他火炮、榴弹炮、迫击炮和 920 门火箭炮，投入 75 个师的兵力和 3600 辆坦克。

苏军此次共计参战人数超过 200 万，参战人数超过德军，还有 6000 辆坦克和 4000 架飞机。

▲ 1943 年，库尔斯克，苏联坦克和军队迎战党卫军骷髅师。

德国把进攻日期再次推迟到 7 月 5 日，这给了苏军更多的时间准备防守。苏军得到有关敌军意图的情报后，赶在零时之前 20 分钟炮击德军集合地点。德军装甲部队奉命发动闪电进攻，但到第一天晚上才深入苏军防御阵地 6 英里（约 10 千米）。

第二天，德军北边的钳形攻势在离起始点仅 12 英里（约 19 千米）处受到遏制。南边的德军深入 20 英里（约 32 千米）。经过 8 天的战斗，德军俘虏了 24 000 名苏军，摧毁或缴获了 100 辆坦克和 108 门反坦克炮。即便如此，钳口距离仍有 75 英里（约 120 千米）。

7 月 12 日，一场激烈的战斗在罗霍夫卡村附近爆发。红军防守成功，这是一个转折点。苏联宣布战斗前半场结束，并立即向北边德军的奥廖尔阵地发动进攻。

此时的希特勒进退两难。他已经损失了 2 万名德军。德军进攻停滞不前，此时他不得不撤走一些军队防守奥廖尔。

与此同时，英国和美国军队于 7 月 10 日登陆西西里岛，开辟第二战场。他必须派兵前去防守意大利南部。于是，他叫停了“城堡行动”。

苏联红军占上风

苏军此时掌握了主动权。

7 月 15 日，苏军开始用自称“10 倍于凡尔登战役”的密集炮火反击德军，凡尔登战役是第一次世界大战期间以战况惨烈著称的战役。目的是轰炸德军雷区，尽可能多地炸毁地雷。头顶上方还有激烈的空战，双方都损失惨重。德军阵地背后，游击队员炸毁铁路，阻止德国物资和援兵抵达前线。德军被迫放弃奥廖尔阵地，并在撤退之前烧毁庄稼。

在南边，德军人数只有苏军的七分之一。苏军不断有援军抵达。希特勒不允许那里的德军撤到新的防御阵地。7 月 30 日，德军一个装甲兵团取得了一次小小的胜利，把红军赶到米乌斯河对岸。8 月 3 日，苏军炮轰库尔斯克北边德军和南边德军之间的空隙，并派一支机械化大部队穿过缺口。8 月 4 日，奥廖尔不得不疏散民众。

同一天，南边的别尔哥罗德沦陷。

德军节节败退，死伤不少，红军则每前进一英里就有民众入伍参加战斗。4 天时间内，苏军挺进 70 英里（约 112 千米），8 月 23 日，苏军攻克哈尔科夫。德军又战斗了将近两年，但库尔斯克会战之后，他们再也无法阻挡红军一路直取柏林的步伐了。

撤　走

库尔斯克会战标志着德军在东方战线进攻能力的终结。德军损失了大量的士兵和装备。接下来的问题是，德军装甲部队是否有足够的坦克守住东方战线，更不用说迎战预期会从西边登陆的英美军队。

德军别无选择，只能撤退。但希特勒命令德军指挥官进行反击，他经常下令德军不惜一切代价坚守阵地，导致德军损失惨重。

德军被迫撤退，苏军则越来越强大。苏联人开始为 1944 年夏季进攻做准备。此时，斯大林有 400 个步兵师和 40 个炮兵师，300 个装甲旅或机动旅，还有 9000 辆坦克和 16 600 架飞机。

德军指挥官受够了希特勒让士兵白白送命的战术，于是暗中策划了一起行刺希特勒的事件。1944 年 7 月 20 日，克劳斯·冯·施陶芬贝格（Claus von Stauffenberg）中校把一个装有炸弹的公文包放在东普鲁士拉斯登堡希特勒战地司令部“狼穴”的会议室里。

炸弹爆炸了，但希特勒躲在硕大的橡木会议桌下，捡了一条命。参与这个计划的人有的被枪毙，有的被迫自杀或被折磨致死。

▲ 震惊的希特勒在拉斯登堡“狼穴”司令部向到访的墨索里尼展示被摧毁的地堡。

苏军的进攻势不可当。不过，7月31日，当苏军抵达维斯瓦河河畔与华沙对望的普拉加郊区时，停了下来。苏军鼓动城里的抵抗力量组织——大约5万人的救国军——发动起义。

8月1日，波兰救国军袭击德国驻军，并在3天内占领了华沙大部分区域。很快，德军派来了援兵。在接下来的63天内，华沙遭到了炮火的洗礼。

红军按兵不动，斯大林不允许西部盟军使用苏联飞机场，将物资运给陷入包围的波兰人。由于缺少弹药和食物，波兰救国军被迫于10月2日投降。华沙民众遭到驱逐，整座城市被德军摧毁。

▲ 苏联T-34坦克朝库尔斯克开火。T-34坦克在设计上富有革命性，以倾斜装甲、低矮外形和重炮为特点。冯·克莱斯特元帅称其为“战场上最厉害的坦克”。

1944 年 10 月 18 日，为躲避炮火，亚琛的德国平民登上一辆开往比利时难民营的美军卡车。

低地国家

第一个沦陷的德国城市是亚琛，但降服这座城市是一个漫长的过程。

9 月 12 日，美国第一集团军派兵挺进亚琛。此地的德国防卫军因挂在树上的尸体——德军对不忠于希特勒的人的惩罚——而顽强抵抗，直到 10 月 16 日，亚琛被美军包围，5 天后德军投降。

沿英吉利海峡进攻的英国和加拿大军队也遭受了意想不到的损失，德军奉命坚守阵地到最后一人，以尽可能多地消耗盟军的燃料。

不过，英军指挥官布莱恩·霍罗克斯（Brian Horrocks）中将已经领先一步前往比利时。受此启发，蒙哥马利规划了一场行动，打算经由荷兰小镇阿纳姆和其他 4 座重要河桥跨越莱茵河。这一开始只是一次小型行动，最终却成为历史上最大规模的空袭，这就是“市场花园行动”。

9 月 17 日，美国第一〇一空降师的伞兵迅速攻占了威廉敏娜运河和南威廉敏斯瓦特运河上的桥梁。第八十二空降师占领了默兹河上的一座桥，但由于遭到德军的猛烈反击，未能攻占奈梅亨的桥。

遥远的桥

德军两个训练有素的党卫军装甲师的剩余部队刚刚接受了抵御空袭的战术培训，此时碰巧在阿纳姆进行整休。英军伞兵为了避开高射炮，在小镇外 8 英里（约 13 千米）降落，因此双方并没有遭遇。

此外，一份盟军进攻计划书被截获。不过，英军伞兵还是攻占了阿纳姆一座桥的北端，并守了 6 天。

赶来解伞兵之围的英国第十五军团遭到德军的猛烈抵抗。由于德军顽强抵抗，初始进攻 5 天后抵达的波兰伞兵也无法靠近阿纳姆的英军。

敦刻尔克老兵泰德·肖中尉所在的部队，用反坦克炮支援第三营。他目睹了波兰伞兵旅乘滑翔机抵达的场景。伞兵们迎着猛烈的炮火降落，没等挨到地面就已经伤亡不少。他奉命对付一门能对空降兵造成严重伤害的德军高射炮，虽然他手里只有穿甲弹，没有执行这项任务所需要的高能炸药，但他仍然成功地使德军的高射炮“安静”了下来，不过他也付出了很高的代价。

“后来我军伤亡惨重，因为德军知道了我们的位置。”泰德·肖说，他们的四门大炮都被毁了。

他在奥斯特贝克负责指挥受伤后仍能走动的战友，实际上受伤的英军士兵都失踪了。他在受伤士兵所在的地下室放了一条白床单示意投降，然后自己伺机离开。在蹚过一条河的时候，他被一个党卫军机枪手俘获。

1944 年 9 月，阿纳姆战役期间，第一伞兵营士兵在弹坑里。

“搜身的时候，他发现了唐纳德——我用旧军毯做的一只伞兵鸭，戴着贝雷帽，身上别着勋章。” 肖说道。

“是护身符吗？”德国兵问。

肖回答“是的”。

德国兵把鸭子还给了他。

“一个战友的钱包被拿走，一张他妻子的照片被撕毁。他不服气，动了一下，结果被当场枪杀。”第一伞兵旅的一名士兵回忆道，“和我们一起的有一个十几岁的抵抗组织工人，我们恳求他穿上军装，以防他被抓住，但他佩戴着橙色臂章骄傲地站在那里。德国人走到他跟前，说了一句——‘恐怖分子’，然后就对准这个勇敢的年轻人的脑袋开枪。他的鲜血溅了我一身。”

9 天时间内，阿纳姆的所有盟军被迫撤退，大约 7800 人死亡、受伤或沦为俘虏，还有约 450 名荷兰人遇难。

附近的荷兰人遭到驱逐，他们的财物被洗劫一空。为了防止盟军进攻，德军打算沿着河北岸建立一道防线。荷兰北部敌占区的大批荷兰民众食物匮乏。1945 年 4 月解放到来之前，据估计有 18 000 人死于“饥饿的冬天”。

虽然“市场花园行动”失败了，但盟军仍继续在比利时慢慢挺进，于 11 月 26 日占领深水港安特卫普。该港口后来遭到德国 V1 飞弹和 V2 飞弹的袭击。

与此同时，美军抵达齐格菲防线。这道防线从巴塞尔延伸至克拉夫斯，长达 300 英里（约 480 千米）。但由于燃料不足，盟军军队停滞不前，这又给了德军重组的宝贵时间。

阿登战役

正值隆冬，希特勒下令德军穿过森林覆盖的阿登高地，把北边和南边的盟军分隔开来。奉命执行任务的是党卫军约瑟夫·迪特里希（Sepp Dietrich）将军。

“我要做的就是跨过默兹河，攻占布鲁塞尔，接着拿下安特卫普。”迪特里希后来说道，“这就需要穿过阿登高地，那里大雪齐腰，无法容下 4 辆坦克并列行驶，更别说 6 个装甲师了。”

德军召集包含大约 50 万兵力的 30 个师，有数千架飞机做后援，准备冲破美军防线，将盟军强行分开。

由于天气恶劣，侦察飞行暂停，并严格保持无线电静默。盟军指挥官们并没有料到德军发动的这次攻击。

艾森豪威尔迅速巩固薄弱的美军前线，下令停止该地区的盟军活动，将多余兵力调来阿登高地增援，这场战役也因此得名。

美国第一集团军第一〇六师的 2 个团被迫投降，而巴斯托涅的第一〇一空降部队却毫不退却。围攻的德军要求其投降，指挥官安东尼·麦考利夫（Anthony McAuliffe）准将只说了一个词：“呸！”巴斯托涅成为瓦解德军攻势的坚石。

1944 年 12 月，阿登战役期间，美军士兵在大雪覆盖的空地挖单人掩体。

马尔梅迪屠杀

12 月 17 日，在比利时马尔梅迪附近，精锐部队阿道夫·希特勒警卫旗队的一支党卫军装甲兵团在约阿希姆·派佩尔（Joachim Peiper）上校带领下，对盟军第二八五野战炮兵观测营 B 炮兵连的士兵实施了无情的屠杀。盟军士兵已经投降并放下了武器，德军却仍然手持机枪瞄准手无寸铁的美军，之后再走到尸体跟前查看，对未死的士兵再补上一枪。

维吉尔·拉里（Virgil Lary）少尉后来做证说道：

> 一轮机枪扫射后，我四周到处是被打死和打伤的战友……一个人走到我身旁，我躺在地上装死，我听见附近手枪响起的声音。接着我听见新的子弹夹被推入手枪的声音，这个人经过我身边。我听见一个人对另一个人说：“你死了吗？”他回答道：“不，还没……不过如果这帮畜生要杀我的话，我倒希望他们回来给我个痛快。”我的脚趾被子弹打穿了，我痛得要死，从头到脚都痛麻了。
>
> 我听见到处是战友们的声音：“他们走了吗？”“我们该怎么办？”“安全吗？”“我们应该逃走吗？”
>
> 我们大约 15 个人决定逃走。我们刚跑出几米，身后的步枪就开火了，然后是机关枪。我拼命翻过篱笆，进入一片树林，顺着土路往前跑，直到来到一间摇摇欲坠的小屋。里面有成捆的木棍，我把这些木棍拉到我身上盖好，我等待着……

▲ 被杀害的美军战俘尸体倒在马尔梅迪的雪地上。这场屠杀的主犯是阿道夫·希特勒警卫旗队。

很明显，阿道夫·希特勒警卫旗队的士兵在战场上任意杀害战俘。战后，迪特里希、派佩尔和其他 42 人被判犯有屠杀罪，依法应判处死刑。后来，他们被减刑为终身监禁，派佩尔和迪特里希于 1958 年释放。

马尔梅迪十字路口如今竖立了一座纪念碑，上面刻着 84 名死难者的名字。

和天气做斗争

阿登战役期间，盟军行动受到恶劣天气的阻碍，士兵暂停行动。12 月 22 日，天气放晴，战局才发生了改变。第二天，盟军飞机攻击 31 个不同的目标，抑制了德军装甲部队的行动并破坏了其补给线。

12 月 27 日，德军为削弱盟军空中优势做最后的挣扎。德国空军计划轰炸 27 个飞机场，结果行动失败。156 架盟军飞机被德军炸毁，但德国空军的 300 架飞机被盟军击落。

▲ 德国仅剩的宝贵装甲车之一在阿登战役期间被美军大炮掀翻。

由于燃料短缺，德军停止进攻，到 1945 年 1 月中旬，战役结束。希特勒在阿登地区所做的最后努力以失败告终。

在此之前，1944 年 12 月 18 日，希特勒建立了一支新武装“人民军”。人民军招收年龄 16—60 岁的男性。到后来，年仅 10 岁的男孩也被要求奔赴战场。希特勒明确提出，战斗是每个人的责任——如果必要的话，还应该战斗到死。

轰炸行动

两支大军分别从东边和西边朝德国挺进，不料德国被一次轰炸行动炸得面目全非。时任英国轰炸机司令部总司令的英国空军上将亚瑟・哈里斯（Arthur Harris）认为，盟军摧毁德国城市，能够瓦解德国好战的国民意志。

与此同时，美国“卡尔・图伊”・斯帕茨（“Carl Tooey” Spaatz）将军认为摧毁油料设施是赢得胜利的关键。两人坚持己见，分头行动。

1944 年 9 月，盟军开始实施全面轰炸，艾森豪威尔先前在诺曼底战役期间要求调用所有的飞机进行战术空中支援，此时也不再坚持。在接下来的 7 个月内，80 多万吨炸弹投向德国，千架飞机出动的炸弹袭击成了家常便饭。

盟军的主要目标之一是柏林南边 100 英里（约 160 千米）劳伊

纳的化学燃料工厂，对其进行了22次轰炸，致使其平均产量仅有原来的9%。德国战争机器因燃料短缺而陷入完全停顿状态的情况越发严重。铁路站段、交通场站、工厂和工业中心区遭到无情的轰炸。

德国空军指挥官阿道夫·加兰德（Adolf Galland）将军策划了针对盟军的最后一次行动，目的是削弱盟军轰炸燃料库的能力。他知道这么做会让德国空军付出巨大代价，但又觉得，如果盟军空军能力同样受损的话，德军的损失是值得的。

1945年元旦这一天，为了配合希特勒的阿登进攻，大约900架梅塞施米特式战斗机和福克–沃尔夫战斗机向盟军在欧洲大陆的空军基地发起进攻，摧毁了大约206架盟军飞机。

然而，盟军恢复得很快。盟军空军追击德国空军，一直追到德国，大约253名德国空军飞行员伤亡或被俘。德国空军再也没有从这次打击中恢复过来。

哈里斯和斯帕茨可以畅通无阻地行动了。

轰炸德累斯顿

1945年2月13—14日，盟军对德累斯顿实施轰炸。

德累斯顿到处是难民，德国人深信“易北河上的佛罗伦萨”永远不会遭到轰炸。德累斯顿没有钢筋防空洞，只有市民自己修建的简易设施，守城的大炮也被运往鲁尔区。

在夜幕的笼罩下，第一批234架兰开斯特式轰炸机对这座城市实施了为时 17 分钟的轰炸。3 小时后，538 架英国皇家空军飞机抵达，对已经被破坏的城市边界进行了第二轮轰炸。到了白天，美国空中堡垒轰炸机来了，名义上目标是德累斯顿的火车站和铁路调车场，结果却是此前汉堡大轰炸的翻版。无数的炸弹聚集成一个巨大的火球，整座城市瞬间变成了人间炼狱。

此次轰炸发生的时候，洛萨・梅茨格（Lothar Metzger）年仅 9 岁，当时他与母亲和 4 个姐妹寻找地方，躲避炸弹。

“我家房子被炸得稀烂，燃烧起来，”他说，“大街上到处是燃烧的车辆和一车车的难民，人在叫喊、马在嘶吼，充满了对死亡的恐惧……我们看到了可怕的场景：身体燃烧着的成年人缩得像孩子那么小，到处是断臂残腿的肢体、死人，有的甚至全家人被烧死，燃烧的活人跑来跑去，烧焦的马车躲满了平民难民，许多人在呼喊，寻找家人，到处是火，人刚刚逃出正在燃烧的房子，大火的热风又把人刮了进去。”

后来，幸存者试图确认遇难者的身份并将其安葬，但这种努力是徒劳的，最后只能组织集体火葬。没有人知道死亡人数，不过至少死了 25 000 人。

4 月初，眼看胜利在望，盟军才放慢了轰炸德国的速度。盟军占领德国之后，也是需要工业中心和通信网络的，因此摧毁这些设施对他们没有益处。

▲ 轰炸过后未被毁坏的雕像和满目疮痍的德累斯顿。

第九章

挺进柏林

A Short History of World War II

1945 年 3 月 7 日，盟军第一军下属第九装甲师的一支美军从莱茵河西岸埃菲尔森林里走出来，发现雷玛根附近的鲁登道夫铁路桥竟然完好无损。莱茵河沿岸所有其他桥梁都被撤退的德军奉希特勒之命摧毁了。

卡尔·蒂默曼（Karl Timmermann）中尉带领手下向这座桥走去，迎接他们的是炸药爆炸的巨响，不过大桥依然屹立不倒。在接下来的 24 小时内，大约 8000 名士兵以及大批坦克和自行火炮从桥上通过。

5 个师的兵力过桥之后，3 月 17 日，大桥倒塌，26 人遇难。此时，美军已经建好了几座浮桥。7 名德国国防军军官因没能炸毁此桥而被处死，V2 火箭袭击盟军据点。

希特勒下令在德国国内实行“焦土政策”。他认为无法给他带来胜利的德国，不配存在于世。

美国士兵渡过莱茵河：美军第九装甲师走过德国雷玛根的大桥，准备在东岸建立据点。

3月22日，巴顿的军队从美因茨和曼海姆之间的奥本海姆两栖渡过莱茵河。第二天，蒙哥马利动用2000架飞机，把部队空投到莱茵河对岸。建立据点5天后，各国军队陆续进入德国。

纳粹集中营

3月28日，艾森豪威尔领兵朝莱比锡挺进，把柏林留给了苏联人。

德军丝毫没有投降的迹象。于是，盟军认为他们必须通过战斗，一点点地深入德国领土，彻底打败德军。

美军第六装甲师士兵攻占德国奥博多拉。

集中营的解放使希特勒、德军和德国民众的观点发生了转变。罗伯特·哈特利·奥尔弗（Robert Hartley Olver）医生是贝尔根-贝尔森集中营解放之后第一批冲进去的人，当时他立刻拿起急救包，准备去看看自己能帮什么忙：

我闻到了从一英里（约 1.6 千米）外飘来的一股恶臭，并很快发现自己置身于此生最可怕的场景之中。高高的带刺铁丝网大门敞开着，我看见门外几十名受害者趴在地上啃集中营外面地上仅剩的野草——一眼望去，可怕的条纹睡衣下裹着的几乎就是骷髅。

集中营内宽宽的主干道上到处是死去的人和奄奄一息的人。如果地上哪具骷髅挪动了，那就是人还活着。当中有男人和女人蹲在地上，他们都患有无法自控的腹泻。

主干道两侧最大的一间木屋就是所谓的医院。里面堆满了死去的人和奄奄一息的人。由于人太多，窗户和唯一的一扇门都被堵上了。在我看来，最可怕的是很多犯人已经神志不清，并不知道自己被解救了。在他们眼里，制服都是一个样子。

这是第一天的早上——有组织的救助才刚刚开始，在集中营一个区域，系着腰带、穿着长筒靴的残忍男守卫和邪恶女守卫在刺刀的逼迫下给死去的犯人收尸，并将其抬到集体墓地。我后来听说，其中一些守卫被人推进墓坑，勉强自己能爬出来。

在大门内，整整齐齐地堆着一大堆东西，高度和宽度大约为 5 英尺（约 1.5 米）。长达几米的地方全部堆着鞋子，都是从受害者身上扯下来，等着运往回收工厂。大多数女犯人被剃了头发，很久以后我发现，这些头发被织成软底鞋，供德国 U 型潜水艇上的士兵使用。

古怪的集中营军官对于犯人挨饿的解释是，盟军摧毁了运送物资的公路和铁路。他们并不知道，我们刚到过大约半英里外的一个庞大的党卫军培训基地，那里储存着能让人吃到撑的食物和各种各样的医药用品，还有一座设施完善的大医院，配备了足够的医生和护士。

我最深刻的记忆是看见两个四五岁的小女孩，她们身上的衣服虽然破旧，但却很干净。她们的父母肯定是牺牲自我，把食物留给女儿，所以她们看起来并不面黄肌瘦。两个女孩手牵手沿着主干道走，一边聊天，一边灵巧地跨过地上的肢体和尸体，仿佛在遍地石头的田野上散步一样。

死亡的恶臭

据估计，英军发现了 1 万具未安葬的尸体，还有万人冢里的 4000 具尸体和 38 500 名奄奄一息的人，其中大约 28 000 人在医生实施抢救后不久死去。

公谊救护队的和平主义者罗恩·坦斯利（Ron Tansley）负责清理诺因加默集中营。他发现，当地的一位牧师从市民中招募了 100 名帮手。

“我对他说：‘我很惊讶，你作为信仰上帝之人，竟然允许集中营的暴行发生。’他卷起他的衣袖，胳膊上有一个集中营数字的文身。他当时大胆抗议集中营暴行，几天后，他被抓了进去。接着他转过身问我：‘换作是你，你会怎么做？’我从那时起经常会思考这个问题。”

▲ “贝尔森野兽”：英军士兵看押贝尔根－贝尔森集中营指挥官约瑟夫·克莱默（Josef Kramer）。

战俘的待遇通常会好一点儿。在阿纳姆被俘的肖中尉发现，他被德军从荷兰用拉牲口的卡车运到德国。英国皇家空军飞机过来的时候，德军守卫会驾车逃跑，把战俘留在盟军炮火之下。

10 月 20 日，他最终抵达不伦瑞克的第七十九战俘军官集中营。这里关押着 2430 名来自 15 个不同国家的军官。他在笔记本上记录了一日三餐：早餐是用橡子制成的代用咖啡；午餐是 3 个煮土豆，外加热水；下午有代用茶（不加奶），接下来是用大头菜、大麦或同样简单的原料熬成的汤。在 6 个月内，他的体重轻了 14 磅（约 6.4 千克）。

1945 年 4 月 12 日，第七十九战俘军官集中营的战俘醒来时发现德国守卫不见了，前来解放他们的美军站在门口。

盟军继续挺进，一路虽然遇到抵抗，但基本并未受到遏制。4 月 1 日，莫德尔元帅的集团军在鲁尔河被包围，数千德国士兵被俘，莫德尔在杜伊斯堡附近的树林里自杀身亡。不过，德国国防军继续负隅顽抗，虽然他们知道自己注定会失败。

从维斯瓦河到柏林

1944 年 10 月 16 日，苏军首次进攻东普鲁士。40 个师的军队在飞机和装甲车的掩护下挺进仅 90 英里（约 144 千米）的战线。“迎接”苏军的是德国第五军的 15 个师，德军绵延超过 220 英里（约 354 千米）。渡过安格拉普河的时候，苏军留下了所谓的“罪证”。纳粹宣

1944 年，挺进易北河期间，苏联军队在波兰一条街道上向前冲锋。

传部长约瑟夫·戈培尔（Joseph Goebbels）拿这个大做文章。因此，大约 3 个月后，当苏军在 -20℃的气温进攻时，600 万名德国士兵没等苏军到来，就闻风而逃了。

阿登战役期间，古德里安奉命前去稳定东部战线。他把所有的装甲师和装甲掷弹兵师从前线抽调出来，成立了一支机动预备军。不过，12 个力量薄弱的师的兵力不足以防守长达 725 英里（约 1166 千米）的战线。因此，古德里安打算在德军战线 12 英里（约 19 千米）后建立一道伪装极好的强大防线。

希特勒拒绝接受把 12 英里拱手交给苏军，便下令必须在前线后方一两英里的地方部署第二条战线。当苏联大军如潮水般涌来的时候，德军防线和预备军被一并淹没。

希特勒此时又声称自己一直主张留12英里（约19千米）的间隔。

“下这么白痴的命令的笨蛋是谁？”他问道。

古德里安指出这个决定是他自己做的。希特勒下令让人拿来秋季规划会议的记录，但他看了几行就不打算看了。

希特勒依旧坚称自己是统领国防军长达5年的军事天才。但没有什么能阻挡苏军的步伐。12月5日，苏军已经抵达布达佩斯郊区。到圣诞节前夕，苏军已经包围了这座城市。

阿登战役失利，古德里安恳求取消这次进攻，将剩余军队调到东部战线。他指出，鲁尔区工厂因盟军轰炸被迫停止生产，如果西里西亚工业区再落入苏军之手，德军将会失去制造武器的能力。

他的请求遭到拒绝。希特勒甚至下令莱因哈特将军带领预备军前往布达佩斯解围，此举进一步削弱了波兰前线的兵力。

无用的安慰

新年前夕，古德里安前往希特勒的司令部，再次要求对东部进行增援。然而，正准备调往东部的西部战线的3个师和意大利的1个师最终被派往匈牙利，而不是波兰。

1945年1月12日，德军大量部队和坦克开始渡过维斯瓦河，进入苏军据点。在接下来的几天内，苏军继续对德军整条战线展开进攻，德军战线开始瓦解。

1月16日，希特勒返回柏林部分被炸毁的总理府。他此时决定，西部战线应该采取防守，以便调动军队前往东部作战。但是苏联红军迅速横扫波兰，德军不得不放弃奥斯维辛集中营。

▲ 奥斯维辛集中营是最大的纳粹死亡集中营，据统计有100万—250万人死在这里，其中大多数人是被纳粹用毒气毒死的。

奥斯维辛集中营建于1940年4月，后来成为规模最大的死亡集中营。据统计，有100万—250万人死在这里，其中大多数人是被纳粹用毒气毒死的。

1945年1月17日，这里的犯人被运往其他集中营，包括达豪集中营和毛特豪森集中营。战争即将结束的时候，盟军横扫欧洲，纳粹为了毁灭罪证，匆忙关闭了很多集中营。大量营养不良的犯人被迫步行数百千米前往德国境内的集中营，数千人死在这次“死亡行军”的路上。当苏联红军于1月27日抵达奥斯维辛集中营时，那里只剩下7650名幸存者。

1945年1月27日，苏军解放奥斯维辛集中营，发现里面只有7650名幸存者。

战略撤退

华沙的德国驻军不想冒被包围的风险，于是选择了撤退。

苏联红军继续畅通无阻地直取德国边境。希特勒勃然大怒，下令逮捕了数名参谋。古德里安受到批评，被迫接受长时间的审讯，而此时的他本应该把全部精力放在东部战线的战场上。

1月18日，匈牙利的德军发动进攻，试图解布达佩斯之围。德军一路打到多瑙河岸边。但同一天，苏军进入布达佩斯，德军枉费心机。随后，希特勒派第六装甲部队前往匈牙利，试图遏制这里的苏军。

1 月 20 日，苏军踏上德国的土地。德军无法抵御苏军的猛烈攻势，希特勒开始指责他手下的装甲部队指挥官通敌卖国。苏军行进迅速，一路绕开德军据点并摧毁德军防御工事，如今，他们已经掌握了装甲作战的秘诀。

古德里安提议德国在西部战线展开停战谈判，因为苏军两三周后即将抵达柏林，兵临城下。希特勒听到后很不满意，随后古德里安被指控犯了叛国罪。

喘息的机会

古德里安接着提出一个计划，这个计划能给德国争取到喘息的机会：德国应该成立一支新的集团军，专门用来防守德军战线中央部分。他提议由巴尔干半岛地区总司令弗赖赫尔·冯·魏克斯(Freiherr von Weichs) 元帅担任这支部队的指挥官。希特勒批准了古德里安成立新集团军的计划，不过却把指挥权交给了希姆莱。

古德里安大吃一惊。希姆莱并不是军人，他是政客，是党卫军头目，也是旨在灭绝欧洲犹太人的“最后解决”方案的提出者，他还是警察局长、内政部长和预备军总司令，而且这些职位都是全职工作。

希特勒坚持己见。古德里安试图说服希特勒至少应当把冯·魏克斯身边有经验的军官借给希姆莱用。但希特勒此时对手下将军戒备心很重，因此允许希姆莱挑选自己的手下。结果希姆莱挑选的大多是党卫军高官。在古德里安看来，这些人无法胜任此次任务。

党卫军旅队长拉梅尔丁（Lammerding）担任希姆莱的参谋长。拉梅尔丁此前是一个装甲师的指挥官，他对参谋的职责一无所知。更不切实际的是，新成立的集团军被称为维斯瓦集团军，而苏军数月前就已经渡过维斯瓦河。

希特勒建立了新的“坦克杀手”师，由配备了反坦克榴弹和反坦克自行车的士兵组成。这支军队的任务是遏制正在向西挺进的开T-34坦克的苏联大军。此时，年仅16岁的男孩也被征召入伍。

苏军行进在通往柏林的公路上。

大势已去

1945 年 1 月 28 日，上西里西亚被苏军攻克。德国军备部长艾伯特·斯皮尔（Albert Speer）在给希特勒的信中写道："大势已去。"但希特勒完全不理会斯皮尔，他拒绝私底下见任何人，因为这些人总会告诉他一些他不想听的消息。

希特勒开始随意地把官员降职，一些人不经审问就被直接送入集中营。古德里安发现他一天的大部分时间都在听希特勒发表长篇大论，因为希特勒试图找人为日益恶化的军事形势承担罪责。希特勒经常狂怒不已，额头上青筋毕现，眼睛鼓鼓的，手下人都担心他可能随时会心脏病发作。

▲ 德国人民军成员，其中很多人配备了铁拳火箭筒（一种单发的反坦克武器）。他们骑着自行车奉命前去摧毁苏军坦克。

1 月 30 日，苏军进攻匈牙利的第二装甲军突破了德军防线。古德里安提议从巴尔干半岛、挪威和普鲁士剩余地区撤军，把所有的装甲部队调回德国，进行最后一战。然而，希特勒却下令德军继续进攻。2 月 15 日，第三装甲军在劳斯将军率领下发起攻击。

这次进攻的总指挥是瓦尔特·温克（Walther Wenck）将军。但在 17 日晚，在长时间聆听希特勒的作战指示后，温克注意到他的司机非常疲惫，于是亲自开车，结果开着开着睡着了，汽车撞上了柏林－什切青公路上一座桥的栏杆。他伤势严重，进了医院，此次进攻计划因而中止，此后再未能重拾。

3 月，劳斯被召到总理府，被要求做出解释。希特勒并没有给他说话的机会。劳斯离开之后，希特勒坚持要将他解职。古德里安明确表示反对，认为劳斯是最能干的装甲部队指挥官之一。希特勒认为不能信任劳斯，因为他是柏林人或东普鲁士人。古德里安接着指出，劳斯是奥地利人，与希特勒本人一样。即便如此，劳斯仍然被解职，由哈索·冯·曼掩菲尔（Hasso von Manteuffel）将军接替他的职位。

希姆莱被降职

希姆莱的维斯瓦军团未能遏制住苏军的攻势，古德里安最终提议找人替换希姆莱。3 月 20 日，希特勒点头同意。希姆莱的职位由一名德国资深军官接任，这个人就是此时在喀尔巴阡山指挥第一装甲军作战的哥特哈德·海因里希（Gotthard Heinrici）上将。

海因里希可以调遣由冯·曼托菲尔将军领导的此刻驻守战线北部的第三装甲军。战线中部由西奥多·巴斯（Theodor Busse）将军的第九军把守，而战线南部由费迪南德·舍尔纳（Ferdinand Schorner）元帅手下损耗严重的军团防守。还有柏林附近30个师的兵力可以调遣。

古德里安继续就如何尽力遏制苏军攻势提出各种建议。但在最后一次和希特勒发生冲突之后，希特勒给他放了为时6周的康复假，说是为他的健康着想。3月28日，古德里安离开柏林，打算前往位于图林根林山奥伯霍夫附近的狩猎小屋，但美军的迅速挺进令他无法成行。于是，他决定去慕尼黑附近的俄恩豪森疗养院治疗心脏。有人警告说，此举可能会引起盖世太保的注意，于是他安排战地警察的两名成员随行。

斯大林曾告诉艾森豪威尔说他打算5月进攻柏林，但他手下将军朱可夫和伊万·科涅夫(Ivan Konev)都清楚斯大林想提前行动，虽然苏军经过数周鏖战之后已经疲惫不堪。科涅夫的第一乌克兰方面军——或者可以称作军团——在尼斯河东岸，驻扎在柏林东南大约75英里（约120千米）的地方。

科涅夫提议先动用7500门大炮展开两个半小时的炮击，由此发起进攻。黎明时分，他会发射信号弹，命令2支坦克部队和5支野战部队强行渡河，总人数超过50万。他会把坦克部署在右翼。届时这支大军会冲破德军防御，然后朝西北方向挺进，直取柏林。不幸的是，他的计划牵涉两支已有其他任务在身的部队，也许他们不能及时赶到。

朱可夫的第一白俄罗斯方面军驻扎在柏林东边50英里（约80

千米）的奥得河河边，并在库斯特林的河西岸建了据点。朱可夫提议用 1 万门大炮进行黎明前的炮击，接着用 140 盏防空探照灯照射德国防卫军，一边照得德军看不见东西，一边朝德军发动攻击。2 支坦克部队和 4 支野战部队会冲出库斯特林据点，每一侧再派两支部队防护。苏军占据绝对空中优势，并且还有 75 万名士兵可供调遣。

朱可夫自信能够快速取胜。

开绿灯

斯大林给朱可夫开了绿灯，因为朱可夫离柏林较近，而且准备得比较充分。不过，斯大林仍然鼓励手下的两名元帅之间展开竞争，他让科涅夫知道可以挺进柏林，只要他觉得自己能够赢朱可夫。

进攻的日期定在 4 月 16 日。朱可夫和科涅夫仅有 13 天的准备时间。

1945 年 4 月 15 日，美军参与进这场“比赛”。威廉·辛普森（William Simpson）中将的第九军跨过易北河。美军和柏林之间隔着温克将军所率领的德国第十二军的残兵余勇，德军压根儿无法阻挡辛普森挺进柏林的步伐。艾森豪威尔命令辛普森在易北河暂停，直到美军和苏军在德累斯顿联合起来。

第二天清晨 4 时，三枚红色信号弹照亮了库斯特林据点上方的天空，接着东线上演了迄今为止最猛烈的炮火攻势——迫击炮、坦克炮、自行火炮、轻型火炮和重型火炮，还有喀秋莎火箭炮一齐炮击德军阵地。一座座村庄被炸成废墟，树木、钢梁和大块混凝土被抛到空中。炮火声震耳欲聋，吓得人不由自主地浑身发抖。探照灯照得人睁不开眼。

35 分钟的炮击之后，苏军开始进攻。

地堡心态

在总理府的地下防御碉堡里，希特勒仍然认为自己能够打赢这场战争。他预测苏军必定会在柏林城门口遭遇最大的惨败，反正他手里的地图是这么显示的——地图上仍然插满了代表党卫军和德军的小旗子。不幸的是，这些小旗子大多数也仅仅是小旗子，它们所代表的军队早已不复存在，或者由于长期兵员不足，几乎派不上用场。但敢于指出这一点的人都被解职了。

海因里希如今负责柏林城的防御工作，他是防御战方面的专家。苏军进攻前夕，他调回前线部队，导致朱可夫猛烈轰炸的对象都是空空如也的阵地。第九军在塞洛高地上挖掘战壕，挡住库斯特林—柏林的主要道路。朱可夫手下沿这条路挺进的苏军伤亡惨重。

苏军最终凭借人多势众冲破塞洛防线，不过接下来又碰到更多的德军。卡尔·魏德林（karl Weidling）将军的第五十六装甲军赶来增援，苏军遭到遏制。

斯大林勃然大怒，下令正在向南且势头良好的科涅夫带兵掉头向柏林挺进。1945 年 4 月 20 日，康斯坦丁·罗科索夫斯基（Konstantin

Rokossovsky）元帅率领的第二白俄罗斯方面军单独进攻冯·曼托菲尔的第三装甲军团。

巴斯的第九军开始瓦解，朱可夫迫近柏林，开始用远程大炮炮轰这座城市。科涅夫的军队也从南边靠近柏林，德国首都陷入了一个钳形攻势中。为了确保美军不会在最后关头赶来抢夺胜利果实，朱可夫和科涅夫不约而同派兵前往易北河，与辛普森会合。

4 月 25 日，两支军队在托尔高联系上，沟通结果发现辛普森在易北河坐等，对面空无一人。两天前，温克被召回保卫柏林。4 月 28 日，温克抵达波茨坦郊区，他在这里遇到了苏军的激烈抵抗。不过，温克撤出军队，试图和第九军剩余部队会合，然后向西行进，企图向美军投降。

希特勒因温克的背叛行为暴跳如雷。

孤注一掷

德国宣传部长约瑟夫·戈培尔口中的“柏林要塞”此时由 9 万名装备不良的希特勒青年团年轻男孩和人民军中的老年人防守。200 万柏林人仍然试图在被毁的城市里如常生活，还开玩笑说：“苏联人用 2 小时 15 分钟就能占领柏林——前 2 小时捧腹大笑，另外 15 分钟摧毁防御工事。”

直到最后，希特勒还坚持认为一支虎王Ⅱ坦克救国军正在赶来，而其忠实追随者议院战斗指挥官兼党卫军二级突击队中队长巴比克

（Babick），正夜以继日地拿着地图为虎王式重型坦克到来做计划。

“巴比克信心十足，”第三重高射炮连的吉哈德·齐尔希（Gerhard Zilch）军士说：

> 他觉得自己安全无虞。党卫军哨兵在外面站岗，其他人防守着议会大厦走廊，我们最厉害的武器虎王式重型坦克的到来指日可待。他把手下分为5—10人一组。其中一组由突击队中队长安德曼（Undermann）指挥。他被派往莫尔克桥南边的内政部——“希姆莱的地盘”，这座桥本身就在火线上。接着，一个大约19岁的党卫军副官来见巴比克，报告说安德曼和手下缴获了一些酒，全都喝得酩酊大醉。他把安德曼带了回来，安德曼正在外面等着。巴比克咆哮道：“把他当场枪毙。”副官立正领命，走了出去。片刻之后，传来一声枪响。副官回来报告说命令执行完毕。巴比克让他接替了安德曼的指挥职位。

树倒猢狲散

希姆莱、戈林和其他纳粹高层离开了柏林。希特勒不肯走，他故作淡定，自欺欺人地以为局势还可以扭转。希特勒向业已不复存在的军队下达了一系列指令。后来，苏军加大进攻力度，5000门苏联大炮一起炮轰柏林，希特勒卸下日理万机的伪装，宣布自己将在苏军到来之前选择自杀。与此同时，留在议会大厦地下室的40人或是50

人开始寻找地方躲藏。

苏军进城之时，希特勒取消了戈林的接班人的资格，原因是他在希特勒尚在世之时意图夺权。希特勒还将希姆莱解职，原因是他试图向英国人和美国人进行和平试探。卡尔·邓尼茨（Karl Dönitz）被任命为希特勒的新任接班人。

情势毫无希望，但狂热的纳粹仍负隅顽抗，与盟军展开肉搏战。科涅夫手下坦克部队的一个军团从南边进城，朱可夫的第二近卫坦克军从北边进城，占领夏洛滕堡区，希特勒青年团小分队防守着哈弗尔河上的皮切尔斯多夫桥和通往施潘道的桥。

在别处，党卫军“赫尔曼·冯·萨尔扎”营的最后几辆虎王坦克在蒂尔加滕迎战苏军第三突击军团和第八近卫军。

纳粹政权的最后时日

这时传来消息，墨索里尼死了。

1945 年 4 月 29 日，希特勒和情妇爱娃·布劳恩（Eva Braun）结婚。4 月 30 日，希特勒口述遗嘱和最后的政治交代。

当天下午，希特勒和结婚仅一天的妻子在私人住所自杀，两人的尸体在总理府花园一处浅沟里被焚烧。

朱可夫的军队和科涅夫的军队都攻入柏林。不过，科涅夫被命令停止进攻，以便让朱可夫的军队享受在议会大厦升起红旗的荣耀。朱可夫因此声名鹊起。

德军仍有零星抵抗，那些留在希特勒地堡里的人试图就投降条件进行谈判。苏军只接受无条件投降，接着又是一通轰炸。

戈培尔和妻子杀死了他们的6个孩子，然后自杀身亡。

希特勒最亲密的顾问马丁·鲍曼（Martin Bormann）试图逃跑，据传被苏军打死。如果是这样的话，那么他就是唯一在此次战斗中被杀的纳粹高官，其他人均是自杀。

20世纪60年代一直有传言说鲍曼逃到南美洲，在巴拉圭生活。不过，法医专家“几乎肯定地”确认1972年柏林施工期间挖掘出土的两具尸体之一就是鲍曼。

1945年4月29日，阿道夫·希特勒最后一次公开露面。

红旗高高飘扬

1945 年 5 月 2 日，魏德林将军同意无条件投降。

当天晚些时候，议会大厦被占领。苏联军队报告称，一门榴弹炮被推到威廉广场，用以炸掉大门，在门内再次展开肉搏战——不过这似乎不大可能。最终，第五突击军团第九步枪队政治部的安娜·尼库丽娜少校把一面红旗插上房顶。

5 月 4 日，欧洲西北部德军的投降书在蒙哥马利位于吕讷堡石楠草原的司令部签署。另一份投降书在艾森豪威尔位于兰斯的司令部签署，范围覆盖所有的德国军队，仪式也更为庄重。

1945 年 5 月 8 日零时 28 分，欧洲战争正式结束。

同一天，艾森豪威尔的副手亚瑟·泰德（Arthur Tedder）上将和美国陆军航空队的斯帕茨（Spaatz）将军飞往柏林。在第一白俄罗斯方面军司令部，当着朱可夫元帅的面见证了另一份投降书的签署。

大部分战斗在当天结束，不过由于沟通困难，一些德军的抵抗持续到 5 月 10 日。

各类投降书的签署陆续进行着，数十万名德国国防军士兵设法通过布雷德利和蒙哥马利的先头部队，向盟军投降。德国海军利用最后几小时的自由时光，将尽可能多的军队撤出波罗的海地区。

▲ 苏军炮兵和坦克兵在柏林选帝侯大街。这里，曾是这座城市最时尚的街道。在这张照片中，能够看见后面的德皇威廉二世教堂。

此时，统领库尔兰集团军的是卡尔·希尔佩特（C. Hilpert）上校，他带领近 20 万名德军向苏联投降——这是他手下 2 个集团军、5 个军团或 16 个师所有剩下的军队。诺克 (Noak) 带领维斯瓦河河口赫拉半岛上第十军团的 3 个师投降。占领挪威的德国第二十军的 14 个师在奥斯陆向阿尔弗雷德·索恩（Alfred Thorne）将军投降。海峡群岛、敦刻尔克、洛里昂、圣纳泽尔和拉罗谢尔等地留下来的德国驻军也放下了武器。

最终死亡人数

究竟有多少人在柏林战役中丧生，我们不得而知。据估计，德军死亡 20 万人，苏军死了 15 万人。

1945 年 2 月，在克里米亚半岛的雅尔塔会议上，各国达成协议，柏林被四方瓜分——英国、法国、美国和苏联。

6 月 4 日，朱可夫元帅、蒙哥马利元帅、艾森豪威尔将军和让－德·拉特尔·德·塔西尼（Jean de Lattre de Tassigny）在柏林会晤，就德国的占领、管理和裁军达成协议。各方一致认为，纳粹主要战争首领应该接受国际军事法庭的审判。

紧接着，冷战开始了。西方国家手中的这部分柏林成为西柏林，是一块资本主义的飞地，另外半边则是延伸至柏林西边 100 英里（约 160 千米）的苏联统治地区。

这里是接下来 55 年中争论的焦点，直到 1990 年德国统一。

第十章

海上血战

A Short History of World War II

对抗希特勒的战争在北非和欧洲如火如荼地进行着，而在太平洋地区和远东地区，一场对抗日本的战争也在展开。1941 年 12 月 8 日，日军袭击位于菲律宾的美国空军基地，给停在地面的美国飞机一记重击。美国损失了超过一半的 B-17 空中堡垒轰炸机和 86 架其他飞机。从战略上看，这是和珍珠港事件一样的大灾难。

“威尔士亲王”号和“反击”号战舰沉没之后，日军在马来西亚的行动快速且畅通。1 月 11 日，马来西亚首都吉隆坡落入敌人之手。到 1942 年 1 月 31 日，所有的英军撤退到新加坡。不过，岛上防卫的大炮炮口竟然都是指向海面，遭到日军威胁的陆地一侧的防守可以忽略不计。

1942 年 2 月 15 日，英军交出新加坡，此时 6 门 9 英寸（约 23 厘米）大炮和 14 门 6 英寸（约 15 厘米）大炮仍然一弹未发。

▲ 1941年12月10日，“威尔士亲王”号和“反击”号战舰沉毁。这张照片是一架日军飞机在第一轮高空炸弹袭击时拍摄的。照片右下角的“反击”号刚被一枚炸弹击中，并差点儿被其他几枚炸弹打中。“威尔士亲王”号在照片左上角，冒着滚滚浓烟。

约85 000名英军迎战仅有30 000人的日军。

日军的统帅是山下奉文将军，他被手下称为“老虎”。英军的统帅是运气不佳的亚瑟·波西佛（Arthur Percival），他被手下称为“兔子”。

波西佛走向日军，手里高举英国国旗和表示投降的白旗。这个场景揭露了一个残酷的事实：大不列颠不再是海上霸主，再也不能保护其殖民地了。

大约8000名盟军士兵沦为俘虏，其中一些人刚刚登陆，还未放一枪一弹，“迎接”他们的是未来数年内日本战俘营的恶劣环境——

如果他们活下来的话。

12 月 8 日，珍珠港遇袭 6 个小时后（按东京时间计算），日军进攻中国香港。盟军驻军请求远东地区美军总司令麦克阿瑟（MacArthur）中将尽早轰炸位于中国台湾的日本空军基地，不料遭到拒绝。包括 800 名加拿大人在内的 4400 名盟军驻军顽强抵抗，直到圣诞节当天被日军击败。

同一天，日军登陆泰国南部。在 24 小时内，泰国总理下令军队停止抵抗，并在 1942 年 1 月 25 日向英国和美国宣战。

12 月 8 日，日军首次进攻威克岛。12 月 23 日，当大批日军再次到达时，岛上的美国海军陆战队被迫放弃战斗。

12 月 15 日，婆罗洲登陆开始，两周后，该岛落入日军之手。

12 月 22 日，日本第十四军在吕林加延湾登陆。菲律宾刚独立，军队根本不是训练有素的日军的对手。驻守的美军从首都马尼拉撤退，前往防守巴丹半岛。这次行动在一定程度上是成功的，可是疟疾发作和士气不足削弱了美军的战斗力。4 月 3 日，日军开始发动进攻，在 6 天内占领了这座菲律宾群岛中面积最大的岛。

尚有力气撤退的美军士兵总共约有 15 000 人，这些人撤退到科雷吉多尔岛。6 月 9 日，美军和菲律宾盟军的一切抵抗行动停止。

新年前后，日军攻占了打拉根岛、万鸦老、腊包尔和帝汶岛。接下来是巴厘岛、爪哇岛和苏门答腊岛。当时，菲律宾的形势是——哪里有抵抗者，哪里就会迅速被优势兵力和战斗机器打垮。

▲ 经由缅甸撤退时，英军毁坏物资，防止其落入日军之手。

▲ 1942 年 1 月，印度总司令阿奇博尔德·韦维尔将军和中东总司令克劳德·奥金莱克将军会面。

1942 年 2 月 27 日，爪哇海战役爆发。

这是太平洋战争中第一场真正的海战。盟军舰队缺少空中掩护，不敌日军的“长矛”鱼雷。日本海军取得了决定性的胜利。

接着，日军把目光转向缅甸。缅甸当时还是英国的殖民地。

缅甸自然资源丰富，盛产橡胶、石油和钨。日军的一个决定性动作是切断滇缅公路，这是当时仍在抗日的中国的一条重要补给线。此举还打开了通往英属印度的财富之路，日军认为印度的民族主义者肯定会起义反抗英国人。

3 月 8 日，仰光沦陷，英军面临着迄今为止距离最长的撤退，威廉·斯利姆（William Slim）中将领兵顺着伊洛瓦底江返回印度边境，而日军用不了 24 个小时就能追上他们。

英军在撤退时采取了“焦土政策”。据估计，价值 1100 万英镑的石油和植物在 70 分钟内被烧毁。

瓜达尔卡纳尔岛

在中途岛胜利的鼓舞之下，美军决定进攻于 1942 年 5 月落入日军之手的瓜达尔卡纳尔岛。

瓜达尔卡纳尔岛是所罗门群岛中最大的一座岛，长约 90 英里（约 144 千米）、宽约 25 英里（约 40 千米），面积为 2500 平方英里（约 6475 平方千米），是一片有陡峭火山和潮湿沟壑的热带雨林。

此次袭击的目的是防止澳大利亚和新西兰被切断联系。1942 年 2 月 19 日，渊田美津雄带领日军空袭达尔文港，对澳大利亚的敌意显露无遗，此前也是他带领日军袭击了珍珠港。日军在瓜达尔卡纳尔岛上修建了飞机跑道。

不过，当时盟军要赶往巴布亚新几内亚抵御日军登陆。7 月 31 日，23 艘运输船和货船载着 19 000 名海军陆战队士兵从斐济出发，8 艘巡洋舰、15 艘驱逐舰和 5 艘高速扫雷舰提供海军支援。海上还有 3 艘航空母舰停泊，编队内包括 1 艘战列舰、6 艘巡洋舰、17 艘驱逐舰和 5 艘油船，指挥官是法兰克·杰克·弗莱彻（Frank Jack Fletcher）中将。

幸运的是，日军飞机因天气恶劣停飞，瓜达尔卡纳尔岛的日本守军没有得到关于此次袭击的预警。8 月 7 日早上，11 000 名美国海军陆战队士兵登陆该岛，在海滩上行进时没有碰到抵御。在 24 小时内，新建机场和大量丢弃的日军装备落入美军之手。机场改名为亨德森机场，取自中途岛战役中遇害的飞行员洛夫顿·亨德森（Lofton Henderson）少校。

在 20 英里（约 32 千米）之外较小的图拉吉岛，日本守军几乎战斗到最后一刻，108 名美军士兵在此丧生。

一等兵约翰·多纳休（John Donahue）回想起登陆瓜达尔卡纳尔岛的日子：

丛林非常茂密。第五团率先登陆，朝飞机场进发。我们穿过丛林，前去阻击逃跑的日军。三天时间才走了 6 英里（约 9.6 千米）。日军撤走了，第一天留下了不少物资。

第二天白天简直是谋杀。一路全是被丢弃的包裹、步枪、野战炊具和你能想象的东西。第二天晚上，下起瓢泼大雨，小虫子咬人很厉害。第二营抵达伦格河。我们必须蹚过四条河。

第三天，我们返回。日军在撤退过程中打败了我们。我们在海滩进行防御。我们每天遭到飞机轰炸，潜水艇也不时向我们发射炮弹。

▲ 1942 年 8 月 7—8 日，美国海军陆战队登陆图拉吉岛，战况激烈。

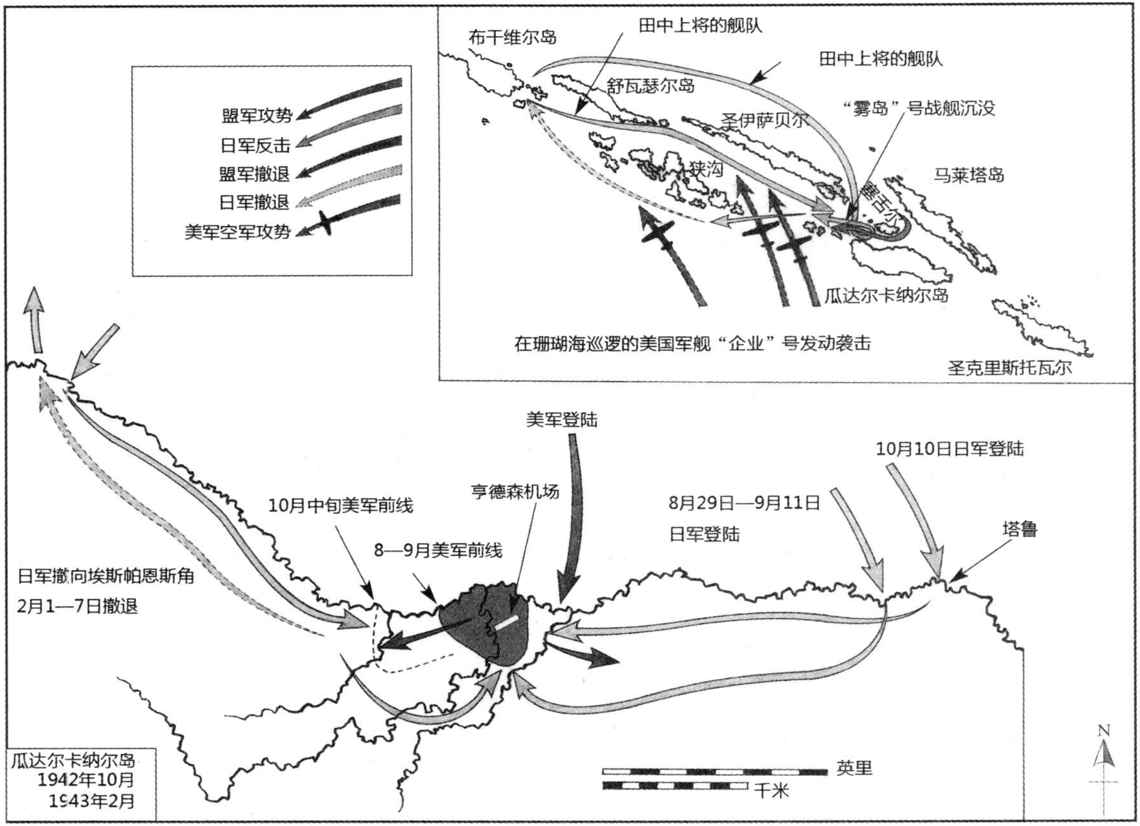

▲ 所罗门群岛争夺战，尤其在瓜达尔卡纳尔岛及其附近区域的战斗，是盟军第一次大规模进攻日军。

▲ 美国海军陆战队士兵在瓜达尔卡纳尔岛上一处丛林中休息。

我们的散兵坑有4英尺（约1.2米）深。我们进行夜间巡逻，还挺不容易的。我们在散兵坑一躺就是13—14小时，还要在丛林里朝日军开火。一直都没有空中支援。晚上蚊子咬人咬得难受，蚂蚁和跳蚤让人不胜其烦。日军飞机轰炸了海滩。第二天，打了一场激烈的海战，结果我们的船“艾略特”号被击沉。我们的所有物品都没有了……

中校中了埋伏，与敌人拼了刺刀。我们清除河边的灌木丛，准备“迎接”日军登陆。巡逻队每晚都往丛林深处查看情况。头天晚上日军试图伏击我们，我们晚上是不允许开火的。

日军没有轻易放过美军的打算。

最初，日军试图用船从腊包尔运送更多的军队登陆瓜达尔卡纳尔岛，但美国潜艇的一枚鱼雷使这个计划泡汤了。不过，8 月 9 日，日军在一系列海战中初战告捷。三川军一中将安排日本船只穿过狭沟——这是两座狭长群岛（包括所罗门群岛）之间的航道——并借着舰载飞机空投照明弹的光亮，在 20 多分钟内击沉了 4 艘盟军巡洋舰，这就是众所周知的“铁底湾之声”，其他船只也受到损害。

弗莱彻中将迅速从瓜达尔卡纳尔岛撤走航母群。

东所罗门

月底前，又爆发了一次大海战。在东所罗门海战中，日军从新不列颠岛腊包尔基地派出 2 艘航空母舰、1 艘轻型航母、2 艘战舰、5 艘巡洋舰和 17 艘驱逐舰，企图夺回瓜达尔卡纳尔岛。

“迎接”日军的是 3 艘美国航空母舰上的飞机，双方均损失惨重。日本“龙骧”号航空母舰、1 艘轻型航母、1 艘驱逐舰和 1 艘运兵船被美军鱼雷击中。美国航空母舰“企业”号也被日本俯冲轰炸机投下的几枚炸弹击中。日军调遣援兵前来协助登陆的计划泡汤，双方小心谨慎的航母舰长都决定趁着夜色撤退，只留下以亨德森机场为基地的美国海军航空队——仙人掌航空队——对付日军。敏捷的被称为“东京快车”的鱼雷艇被用来破坏日军驱逐舰的进攻。

在 8 月底的另一起事件中，该地区最重要的航空母舰之一“萨拉托加”号被日军鱼雷击中，撤到珍珠港进行修理。此时，日军占据海上优势，而美军保持陆上优势。

被称为“海蜂队”的美国海军建设部队努力保持亨德森机场正常运作。第一位获得战争奖章的海蜂队成员是海蜂二班的劳伦斯·迈耶（Lawrence C. Meyer），他发现并修理了一挺日本机枪。1942年10月3日，他用这挺机枪击落了一架前来袭击机场的日本零式战斗机。这枚奖章是在他离世后追授的，在击落战斗机后仅过去不到两周，他在一艘燃料驳船上工作的时候被日本海军炮弹击中。

9月，日军往岛上派了上万名士兵。一名叫贞治源次郎的日本士兵在日记中写道：9月6日，他们冒着热带的瓢泼大雨在岛上艰难跋涉。“我们没有地方躲雨，只好露天睡觉，队长和我们都被淋成了落汤鸡。很多人腹泻，拉得直不起腰……”

不久，他详细描述了日军一次针对美军坦克的行动，目的是在瓜达尔卡纳尔岛上开辟一条路。炮手朝555码（约507米）之外的目标开火：

> 所有炮手一个接一个地击中坦克，很多坦克失去战斗力，被火焰吞没。美军用大炮和机枪进行反击。不过没等美军开动的坦克发现我们，我们已经近距离朝他们开火了。
>
> 一辆坦克的炮塔冒出黑烟，一辆坦克被熊熊火焰吞没，一辆坦克车身爆炸，一辆坦克没头没脑地冲向我们，结果栽向后面的悬崖，火焰从坦克里蹿出来。美军共有14辆坦克，我们摧毁了10辆，还有4辆撤到丛林中。美军的迫击炮炮弹像雨点一样落在我们身边，摧毁了我们的一门大炮。
>
> 9月14日，我军在血腥岭战败，影响很坏。我们满怀信心

发起的攻击似乎以失败告终。美军飞机早上已经安全起飞。真让人懊悔！我们把枪埋在阵地的沙子里，然后前往集合点。我们的大米快吃完了……早饭凑合吃了，午饭已经没有东西吃了。

当美军挖掘战壕进入日军阵地时，日本军官对手下说：“是时候为天皇陛下献出你们的生命了。”日本步兵最擅长的是刺刀冲锋，这是盟军士兵最害怕的。盟军的优势是火力，但是在晚上和丛林中，就发挥不了作用了。

美军的确害怕刺刀冲锋，但他们也有应对的武器。

9 月 15 日，美国“大黄蜂”号航空母舰在海上被鱼雷击中。当时的指挥官是威廉·海尔赛（William Bull Halsey）中将。

▲ 1942 年 10 月 26 日，日本 Val 轰炸机快速向美国“大黄蜂”号航空母舰俯冲。这架飞机撞上了“大黄蜂”号的烟囱，之后落到甲板上。另一架飞得较低的飞机是“凯特”号舰载攻击机。

10月13日，日本船只从相对安全的狭沟轰炸飞机场。燃料库着火，飞机烧毁。

日军继续损兵折将，美国海军陆战队也一样。

多纳休在日记里写道：

> 很多战友白天战斗，晚上巡逻，累得睡倒在散兵坑里。其中一些人遭到跨过伦格河的日军的偷袭。一个日军军官拿军刀先往K下士脸上捅了一刀，接着往下士身上下狠手，一刀下去差点儿把他的一条腿砍断，直接砍在了膝盖骨上。K非常强壮，长得五大三粗，但当时他正在沉睡，丝毫没有反抗。这时，一名法国士兵EDJ惊醒了，试图朝日本军官开枪，可是保险锁着，无法开枪。他只能用手阻挡日本军官对他的攻击，于是他的一只手被严重砍伤。日本军官觉得风险太大，开始退后。约20英尺（约6米）之外的C开枪打死了他。第二天，C得到了日本军官的军刀。

10月26日，在美日航母舰队之间展开的圣克鲁兹战役中，数百架日军飞机被美军击落，美军则损失了74架飞机。不过，日军击沉了美国“大黄蜂”号航空母舰。

11月30日，5艘美国巡洋舰和6艘驱逐舰伏击了一支利用狭沟向瓜达尔卡纳尔岛运送物资的日军部队。不过，日军鱼雷击沉一艘美军巡洋舰，并损坏了其他3艘巡洋舰，日军只有一艘巡洋舰被击沉。

12月，瓜达尔卡纳尔岛的美国海军陆战队最终解围。

到 1943 年 1 月 4 日，就连日军司令部也逐渐意识到残酷的事实：瓜达尔卡纳尔岛上剩余的日军吃不饱，疾病横行，无法再次发起进攻。8 日内，日本驱逐舰穿过狭沟接走了 11 000 名日军。同时，日本重新派兵进行防卫，防止美军袭击。

2 月 6 日，瓜达尔卡纳尔岛宣告安全，美军共有 6 万人参战，伤亡人数高达 6000 人。日军共有 36 000 人参战，其中三分之二被列入伤亡人员名单。

攻克瓜达尔卡纳尔岛之后，美军有了一个可以进攻日军腊包尔南太平洋总部的基地。

新几内亚

珊瑚海海战打破了日本意图占领莫尔兹比港的计划。

3 月，日军成功在新几内亚的莱城和萨拉毛亚登陆。澳大利亚军队登陆莫尔兹比港，然后沿着欧文斯坦利岭的科科达小径，前去袭击北岸的日军。

没等这支澳大利亚军队翻山越岭靠近海边小村布纳——此地离莫尔兹比港大约还有 125 英里（约 200 千米）——日军已在此地登陆，并派出一支大军前往科科达小径，阻截澳大利亚军队。

环境潮湿，地形陡峭，瘴气弥漫，草叶像刀刃一样锋利，还有水蛭和连绵不休的雨水，这一切创造了一个最为糟糕的战场。雪上加霜的是，澳大利亚士兵没有深绿色的衣服，卡其色制服使他们更容易成

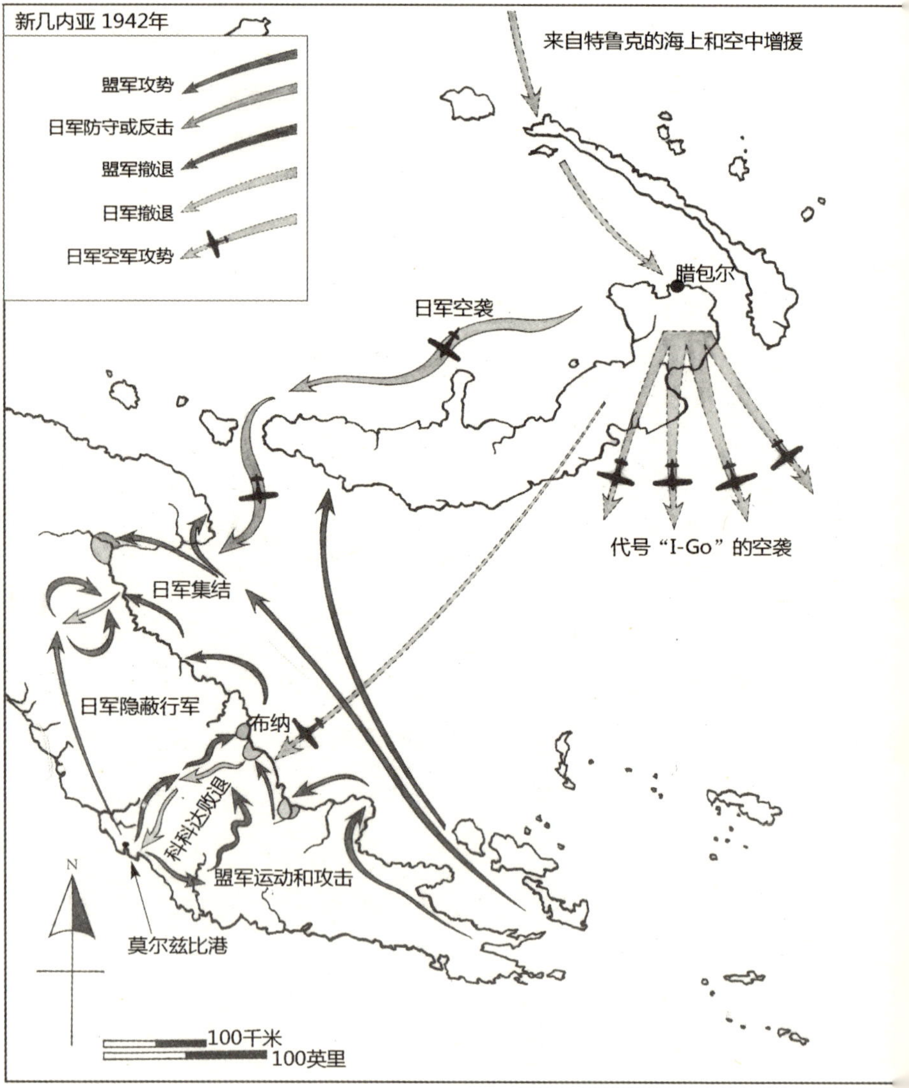

从 1942 年日本第一次发动进攻到战争结束，新几内亚一直是血腥的战场。

为日军的目标。

7 月 29 日，日军占领小径半途的科科达村，迫使澳大利亚军队撤退。日军在离莫尔兹比港 30 英里（约 50 千米）的易米塔岭停下来。此时，盟军正在破坏日军运送补给物资的船只，导致日军的制服在身上腐烂，一些人开始自相残杀以充饥。

▲ 夺回新几内亚瓦乌镇之后，澳大利亚士兵拿着一面缴获的日本军旗。

到 8 月 25 日，日军被迫撤退。澳大利亚军队没有时间庆祝这次胜利，因为 2000 名日军已在新几内亚东端的米尔恩湾登陆了。很快，日军坦克陷入泥沼，被迫撤退。

回到科科达小径之后，澳大利亚军队得到当地美拉尼西亚人的帮助，这些美拉尼西亚人充当他们的搬运工。此外，澳大利亚军队还得到盟军战斗机的支援，对狭窄的山路上的敌军进行猛烈轰炸。

到 11 月 2 日，澳大利亚军队夺回科科达村。此时，他们打算把日军从布纳、贡纳和萨那南达的剩余防御营地赶走。

1943 年 1 月 21 日，日军负隅顽抗，在澳大利亚和美军援兵的帮助下，盟军打赢了布纳战役。东部还有一部分残余日军要清除，不过日军不能再对莫尔兹比港或米尔恩湾造成威胁了。

在新几内亚，据估计日军死伤 12 000 人，澳大利亚军队伤亡约 5700 人，美军伤亡 2800 人。

澳大利亚军队在新几内亚战场的伤亡是第二次世界大战期间最惨重的一次，死于热带疾病或中暑的士兵是战死沙场的士兵人数的三倍。

第十一章

缅甸和印度

1942 年最后的几个月，英军决定回到缅甸发动攻击，结果战败，900 人阵亡，4000 人受伤；日军伤亡人数总共 1100 人，其中 400 人死亡或失踪。

1943 年 3 月，日军进攻缅甸海岸疟疾肆虐的阿拉干地区，被英军击退。然而，英军伤亡人数是日军的两倍。

英军不习惯丛林作战，士气低落。日军似乎战无不胜。时任新成立的第十四军指挥官的威廉·斯利姆（William Slim）将军很有魄力，以扭转这种局面为己任。

此时，其他因素更有利于英军。英军物资经由东北印度铁路运来。英国皇家空军拥有喷火战斗机和飓风战斗机，英军因此占据空中优势。

1944 年 1 月，正当英军打算进攻缅甸的阿恰布机场的时候，日军突然对距英军战线后方一段距离的一个供应和管理基地发动袭击，该基地由辛泽华的第七印度师建立。英军被包围，进行了艰苦奋战，此次战役被称为“兵站铁匣阵”。这里的盟军士兵大多数是文员、机修工和司机。

盟军开始空投物资。最终，被包围的英军得到坦克的支援，英国和印度军队渐渐形成包围日军之势。在“兵站铁匣阵”战役期间，空投给英国守军的物资大约有 2000 吨食品、燃料和弹药，5000 多名死伤者被撤往印度，为此还损失了一架“达科他”运输机。日军仅有 10 天的物资，没有坦克和大炮，最终不得不撤退，5000 名士兵丧生。这是英军第一次打败日军。

升起白旗

更重要的是，一些日军士兵开始投降。盟军士兵还以为永远看不到日军投降的场景，因为每个日本军人都已宣誓效忠天皇，所以会选择自杀。

值得一提的是，向日军投降的盟军士兵受到日军的非人待遇。很多人被派去修建臭名昭著的泰缅铁路，这是一条从泰国浪勿拉笃到缅甸坦标扎雅的补给线。战俘每天干活长达 18 个小时，在 260 英里（约 420 千米）的山岳丛林之间铺设铁轨。

战俘营的惩罚手段恶毒，食物和卫生条件恶劣；溃疡经久不愈；痢疾、疟疾、霍乱和脱水问题极为普遍；好好的人被折磨得只剩皮包骨头，意志消沉。一名幸存者回忆起自己的一位战友，说他选择了自杀，把头埋进肮脏的茅坑里，把自己淹死了。

日军从其他地方带来的亚洲劳工情况更糟。大约 7 万人在泰缅铁路修建期间死去。据估计，英国、澳大利亚、美国和荷兰战俘死了

12 000 人。

泰缅铁路于 1943 年 10 月完工，1944 年被盟军飞机炸毁，1945 年年初被废弃。

破坏专家

休·特雷波尔（Hugh Trebble）是英国皇家空军的一名职员，在爪哇岛被日军俘虏，之后被送到苏门答腊岛修铁路：

> 我们被逼每天干活 16 个小时。我们早上吃一碗米饭，晚上吃一碗米饭，这就是我们的全部口粮。在基地营，我们平均每天要埋葬 16 个人。
>
> 修铁路的时候，我们老是被铁轨和扳手砸到。一定要保持清醒，如果你摔倒昏过去的话，你就会被砸到，可能会严重受伤。有个守卫身材矮小，他要想打你的话，会命令你站在排水沟里。

为了尊严，特雷波尔和其他战俘用设计好的事故破坏了三辆蒸汽火车。

很多战俘被送到日本列岛，包括在新加坡被俘的英军船长墨菲。他在日记里记录了 1942 年 8 月那趟海上旅程中令人无法忍受的惨状：

> 我的双腿因为脚气肿得很厉害，一直肿到大腿根。发烧之

后，我身体状况不佳，当时体重最多达到 119 磅（约 54 千克）。

我们发了保暖的衣服——什么垃圾！好像稻草编的，轻飘飘的，一扯就开。对任何人都没有用处。

我们大概 12 时又上路了，去找菲律宾的大约 200 名美军，他们是巴丹岛和科雷吉多尔岛的幸存者——境况多么糟糕的一群人。令人震惊的是，我们已经很惨了，但他们似乎比我们更惨，饱受饥饿和虐待，一副任人宰割的样子……

无法形容这种污秽的生活。饮用水定量供应，没有洗涤用水……可能我们在这种肮脏的环境下活不了多久。食物、痢疾、发烧，根本无法保持洁净。厕所只有三个小隔间，却要供 2500 人使用，还有人患痢疾和腹泻……

在为时 6 天的旅程中，死了大约 20 个人。

钦迪特

传统军事思想在缅甸派不上用场。于是奥德·温盖特（Orde Wingate）上校成立了远程渗透队，后来被称为钦迪特（Chindits）。这支军队最初由第七十七步兵营组成，第七十七步兵营又包括第十三国王（利物浦）团、第二和第三戈卡步枪队、第一四二突击队、第二缅甸步枪队、英国空军的 8 个科、皇家信号部队的一个旅通信科和一个骡子运输公司。温盖特亲自取了这个独特的名字“钦迪特”，源自传说中守卫缅甸佛塔的护法神狮（Chinthe）。

1943 年 2 月 8 日，钦迪特离开印度，目标是切断缅甸曼德勒和密支那之间的铁路，并破坏敌人后方。这支军队的补给依靠空投。

▲ 1943 年，钦迪特的一支队伍深入日军占领区域，正在渡过缅甸的一条河。通过战绩，钦迪特向世人表明，令人畏惧的日军是可以被打败的。

筋疲力尽的军队

完成任务之后，钦迪特于 3 月 24 日奉命撤退。

此时，很多士兵由于生病、体力消耗和营养不良而身体虚弱。经由钦敦江和伊洛瓦底江返回的途中依然充满威胁。4 个月前，3000 名官兵从印度英帕尔出发，到了 5 月和 6 月，只有 2182 人返还，这些人需要一路长途跋涉 1000—1500 英里（约 1600—2400 千米）。只有大约四分之一的人仍旧有战斗力。

虽然损失不小，但此举宣传意义巨大。

1944 年 3 月，第二次远征开始了。这一次，派了 6 个营的兵力，而不是第一次远征时的 1 个营。空投依然是这支军队生存的关键。

丘吉尔在写给罗斯福的一封信中描述了第二次钦迪特行动，远程渗透队的两个旅在日军战领区域内蔓延 100 英里（约 160 千米）的丛林降落：

> 第一次登陆是用滑翔机，然后机上人员准备简易机场接应运输机。3 月 6—11 日，7500 人以及所有的车辆和骡子成功降落。唯一的损失是一些滑翔机，其中有的应该是可以修理好的。
>
> 大部队此时开始行进，不过还在其中一个简易机场留下一小队人负责接应喷火战斗机和一个中队的飓风战斗机，这些战斗机前来保护基地并提供空中支援。
>
> 唯一的严重事故发生在第一天晚上。北方地区的一个简易机场被日军堵塞，导致飞机相撞，堵成一团，阻碍了当晚其他飞机的降落。几架滑翔机不得不在空中掉头，结果未能抵达我方领土。另一个简易机场立即在这个地区搭建起来，两天后飞机就可以着陆了。此次死亡、受伤和失踪总人数控制在了 145 人以内。

3 月 25 日，第二次行动仅仅开始数周，行事果敢的温盖特就在飞机失事中遇难。不过，他所倡导的游击战术仍然行之有效，为英军贡献良多。

▲ 被炸的隧道入口，英国和印度军队在这里占领了一条主要公路。

简朴的生活

“在钦迪特的生活极其艰苦。” 英国皇家工兵部队的罗德尼·塔切尔（Rodney Tatchell）回忆道：

睡觉只是简单地铺上一层防潮布，脱掉靴子，用背包和充气“救生背心”充作枕头，然后裹上毛毯躺下。起床就是把这个过程反过来做一遍。有时候，三个星期才有机会在河里简单地洗个澡。从 1943 年 12 月到 1944 年 5 月，我一直睡在地上，上方就是天空——如果你能透过丛林顶部看见天空的话。

1944 年 5 月 13 日，第四十七纵队在临时营地遭到日军第五十三师一支巡逻队的伏击，2 名军官、1 个军士长和 6 个二等兵阵亡，还有 13 人受伤，其中就有哈罗德·兰伯特（Harold Lambert）。他的小腿受了枪伤。

兰伯特回忆道：

当时一片喧闹，一些人还在睡觉，其他人在闲聊，突然间遭到袭击。起初，我并没有意识到自己受了重伤。我更担心载着全纵队资金的那头骡子——骡子受伤严重，不得不开枪打死它。

一位少校试图带领我们进行反击，但就在他站起来的时候，头部中了一枪，立刻倒地死亡。然后，我们四散往丛林深处跑。我比较幸运，还勉强能走路。很多日军士兵也被击毙，我们爬上陡峭的山坡，还蹚过一条河，一路失去了不少骡子，要么掉下去摔死，要么淹死。

这个纵队迅速重组，很快和更西边的尼日利亚旅的另一个纵队取得联系。最终，兰伯特被一架轻型飞机送走。

他们只是轻装上阵——最有威力的武器是中型机枪和 3 英寸迫击炮。如果他们需要威力更强的武器的话，只须打电话给空军基地请求俯冲轰炸机支援，然后用迫击炮烟幕弹给目标做上标记，美国野马战斗轰炸机就会对敌人进行一番狂轰猛炸。

钦迪特在日军眼里也是一个需要付出相当代价的大麻烦。钦迪特第二次远征晚了一星期，没能阻止日军袭击英帕尔。不过，第一次远征迫使牟田口廉也中将匆匆准备进攻印度，结果战败，日军伤亡惨重。

英帕尔和科希马

尽管日军 1944 年在其他地方受挫连连，但仍然深信印度是他们的囊中之物。

1944 年 3 月，总人数 155 000 的日军第十五军在牟田口廉也中将的指挥下闯过印度边境，前往英帕尔和科希马的英国军事基地，向英军发起钳形攻击。

英帕尔的英军迅速调来第五印度师增援，还有第七印度师和其他能够赶来的兵力，甚至钦迪特的一个旅也投入了战斗。

很快，日军设备短缺，因为日军补给线很长，又受到攻击。由于英国和美国潜艇、轰炸机的努力，日军侵略印度活动的大约一半物资未能到达。

日军此次进攻的后援是印度国民军，由印度民族主义者以及曾为英军服务的前战俘组成，指挥官是钱德拉·鲍斯（Chandra Bose）。

1944 年 4 月 14 日，印度国民军首次在印度土地上升起印度三色旗。很快，日军大炮在周围山顶上牢牢固定住，将炮口指向英帕尔。

谁控制了科希马，谁就控制了关口

科希马距英帕尔大约 80 英里（约 130 千米），海拔约 5000 英尺（约 1500 米），控制着阿萨姆峡谷的关口。驻守此地的是第一六一印度旅，包括第四皇家西肯特军、第一旁遮普军、第四和第七拉其普特军，以及阿萨姆步枪队和阿萨姆团的一队人马。后来，还有第五和第七印度师的军队乘飞机赶来支援。

3 月 23 日，英军与日军展开激烈战斗。到 4 月 5 日早上 4 时，日军抵达科希马郊外，目的是切断英帕尔和科希马之间的联系，然后包围英帕尔。

▲ 1944 年 1 月或者 4 月，西约克郡团和第十廓尔喀步枪队的士兵跟在中型坦克后面，沿着英帕尔—科希马道路前进。

英军在科希马战役期间颁发了两枚维多利亚十字勋章，其中一枚颁给皇家西肯特军的一等兵约翰·哈曼（John Harman）。他发现一个日军轻机枪小组占领了附近的一条战壕，于是飞快地朝这条沟冲了大约35码（约32米），掷出一枚手榴弹，战壕里的两名日军士兵被炸死，他扛着一挺缴获的日本机枪返回英军阵地。

两天后，4月9日，天气寒冷潮湿，他再度上演壮举，这一次战壕里有5名手持自动武器的日本士兵，他用的是刺刀，而不是手榴弹。杀死5名敌人后，他走回阵地，无视战友提醒他赶紧找地方躲避。敌人一阵扫射后，他被打死，临死前说："我要走了。这是值得的——够本了。"

▲ 1944年，一名印度士兵用烟幕手榴弹把日军从孟都山的地堡里"熏"出来。

这一幕发生的同时，塔菲·利斯（Taffy Rees）下士站了起来，他连中两弹，滚到无人地带。另一名士兵试图救他，结果自己也中了两弹。利斯躺在地上动弹不得，很快陷入神志不清。一连 8 个小时，他尖叫着、呼喊着，念叨着父母的名字，最后去世。对此，大家束手无策。

下大赌注

到 4 月 9 日，英国和印度守军孤立无援。第二天，他们的野战补给站遭到日军袭击。不过，英军得到了当地那加部落成员的帮助，他们主动帮英军收集情报。

4 月 13 日，主要战场是地区委员家的平房和网球场，这里变成一处危险的“无人地带”，双方守在网球场两侧，手榴弹在场地上方飞来飞去。

第四皇家西肯特军关于 4 月 13 日的战斗日记是这么写的：

> 日军从地区委员家的平房突袭 B 连，闯入一处重要小丘上的一间小屋，一挺布朗式轻机枪卡壳……金中尉扭转了局面，用手榴弹把日军炸了出来，没想到布朗式轻机枪枪手拿起一把铲子，使劲朝我们扔了过来。

第二天，战斗日记记录了另一次“敌人死伤不少”的交锋。当天，英军成功接收空投的水。与此同时，日军开始使用烟幕弹，这表明他们的弹药储备不足了。科希马西边的炮兵阵地也对日军发动了猛攻。

英军被逼到一座山上，受到日军四面夹击。1944 年 4 月，英军坚持了 16 天，盟军空军向其空投物资并空袭敌军。4 月 20 日，援兵到来，第一六一印度步兵旅和第二英国师从迪马普尔一路打了过来。日军的猛攻无法再维持下去。

第一四九皇家装甲军团的坦克驾驶员赫伯特·阿德利（Herbet Adderley）回想起进入科希马的时候，他驾驶着一辆主战坦克深入敌人后方。因为指挥官惊慌失措，导致当天行进在最前面的 5 辆坦克上的所有人员不幸遇难。阿德利的坦克配备了一挺汤姆森冲锋枪，不过谁也没有使用过，这辆坦克很快被敌军火力击中。

“突围的命令下来了。”阿德利说：

> 我让给机枪装弹药的战友把门打开 2 英寸（约 5 厘米）的缝，让我看看外面的情况。他按下门把手，结果门太重，一下子没拉住，门完全敞开了。我的天啊！大约 100 英尺（约 30 米）之外的两个战壕里全是架好机枪对准我们的日军。他们以为指挥官在回转炮塔里面，正眼巴巴地希望我们出来。我们只有几秒钟时间。我扣动冲锋枪的扳机，但却几乎握不稳。冲锋枪上下直晃，像有生命似的，很难握住。幸运的是，日军从视野里消失了。我像绿头苍蝇一样走出坦克，躲在坦克后面，坦克上的其他战友跟在我后面……

他们看见指挥官倒在附近。阿德利把他的身体翻转过来，看见他的眼神开始涣散。

日军撤退

当时正逢雨季，天下着倾盆大雨，能见度很低，但是一纵队盟军人马仍然离开科希马，前往英帕尔。不过，日军已经接到命令停止行动，并撤回缅甸，此次战斗日军伤亡人数共 3800 人。

彻底清除科希马的日军花费了几周时间。在此期间，狙击手伏击和手榴弹对攻仍旧继续着，刺刀和火焰喷射器也派上了用场。

第二枚维多利亚十字勋章颁给了皇家诺福克团第二营代理营长约翰·兰德尔（John Randle），他在负伤的情况下拒绝离开战场。5 月 6 日，他带领士兵向前攻占了山顶制高点，发现附近一个地堡仍在日军手中。他顶着敌人的火力冲向地堡，往里面扔了一颗手榴弹，然后从地堡缺口跳了进去，干掉了里面的幸存者。

在空中，由英国皇家空军和美国陆军航空队组成的空运指挥部全力以赴，因为他们知道这关乎战场将士的生命。空运指挥部还为中国军队运送物资，飞越“驼峰”喜马拉雅山，这条航线被称为“铝道”，因为地面到处散落着飞机残骸。

英国国防部的一份报告显示，英国皇家空军在科希马战役期间运送了 19 000 吨的物资。此外，英国皇家空军一共运来 12 000 名士兵，并运走 13 000 名伤亡人员和 43 000 名非战斗人员，还运送了 1400 万袋士兵口粮、1200 袋邮件、430 万支香烟和 100 万加仑汽油。

从科希马撤退之后，剩余日军被调往英帕尔，发动了牟田口廉也所说的“不成功，毋宁死”的进攻。因为补给物资匮乏，日军大批死亡。佐藤幸德勃然大怒，发电报给上司说：“第十五军士兵的战术能力还不及军官学校学员的水平。”为了保存剩余兵力，他开始撤退。牟田口廉也开始质疑佐藤幸德的军事行动，佐藤幸德直接切断了通信电线。

解除围困

6月22日，科希马通往英帕尔的道路上的日军最终被彻底清除，英帕尔解围。此时盟军有坦克，日军却没有反坦克武器。7月，日军退出印度，盟军陆军和空军在后面穷追不舍。

日军内部开始争抢食物，有人从生病和死去的同伴身上脱下行军靴，而且很多人被钦敦江暴涨的河水淹死。最虚弱的日军士兵惨遭抛弃……

日军最初共有85 000人，大约30 000人丧生。双方军队都饱受干渴、饥饿和热带疾病的折磨。然而，盟军士兵还有低空飞行的运输机所空投的饮水、食物和药品等救援物资，事实证明这是盟军夺回缅甸的关键。

在接下来的一年内，英国、美国、印度、非洲和中国军队组成的联合军队在缅甸境内追击日军，联合军队一路上尽量避免大规模冲突，他们知道热带疾病自会好好地折磨日军。单单最后两个月，27 000名日军残兵余勇中就死了2000人。同时期，盟军的伤亡总人数只有95人。

此时，日本本土遭到轰炸，日本当局无暇顾及缅甸，这里成了一潭死水。

第十二章

逼近日本

A Short History of World War II

瓜达尔卡纳尔岛战役之后，美军把注意力转向腊包尔。

腊包尔是日军迄今为止在该地区最重要的基地。

美军兵分两路，麦克阿瑟将军负责清除新几内亚休恩半岛的日军，哈尔赛（Halsey）上将则经由所罗门群岛北上。

等他们到达腊包尔的时候，日军几乎已经全部撤走。于是，他们绕过腊包尔，继续前行。

阿留申群岛

自 1942 年 6 月以来，阿留申群岛的阿图岛和吉斯卡岛一直被日军占领。1943 年 5 月 11 日，美军第七步兵师顶着日军舰载飞机的空中轰炸，登陆阿图岛。经过两周的激烈抵抗之后，日军采取自杀式进攻，摧毁了美军的两处战地指挥所和一处医疗站。最终，美军俘虏日军士兵仅 28 人，总共 2351 名日本士兵丧生。美军共有 600 人阵亡、1200 人受伤。在托马斯·金凯德（Thomas Kincaid）中将的指挥下，心有余悸的美军开始用海上封锁和空中轰炸的方法攻打吉斯卡岛。

在浓雾的笼罩下，岛上日军撤走。8 月 15 日，34 000 名美国和加拿大军队发起两栖攻击。超过 15 人死于友军炮火下，最后才确认日军已经离开。

▲ 美国海军陆战队第二师士兵登陆塔拉瓦岛的贝蒂欧岛。日本守军躲在石头后面负隅顽抗。

迦伐尼行动

盟军现在的目标是位于所罗门群岛和夏威夷之间的吉尔伯特和马绍尔群岛。1943 年 11 月 20 日，开始实施“迦伐尼行动”。此次行动的两个目标是马金群岛和塔拉瓦岛，紧接着盟军飞机和战舰展开了全面轰炸。

在马金群岛，6472 名盟军士兵在 4 天内击败了 848 名日军。在塔拉瓦岛环礁，情况却截然不同。在主岛贝蒂欧岛，4500 名日军精锐部队在一片区域挖好战壕，静待盟军到来。日军指挥官柴崎惠次少将声称，即使 100 万敌人进攻 100 年也战胜不了日军。

这片区域遭到猛烈轰炸，但日军的防御阵地依然坚挺。第二陆战师涉水上岸，很多士兵在战斗中丧生，美军似乎会被逼退到海中。不过，通信故障导致日军没有在第一天晚上发动全面反击，美军陆战师得以在岸上部署好。美军援兵到来，最终压倒日军，不过日军再次发起拼死反攻。

这次战斗后，日军几乎全军覆没，美军有 1009 人阵亡、2101 人受伤。

▲ 贝蒂欧岛被俘的日军。

▲ 美军猛攻夸贾林环礁日军阵地。

燧发枪行动

美军接下来的目标是第一次世界大战后划归日本的马绍尔群岛。美军实施“燧发枪行动”，参与此次行动的有 85 000 名士兵以及将近 300 艘战舰、运输船和登陆艇等船只。

1944 年 1 月 30 日，美军开始登陆世界上最大的环礁夸贾林环礁。在准备登陆阶段，美军发射了约 36 000 枚炮弹。最终，日军死亡 8400 人，美军牺牲 500 人。

美军对其他环礁进行轰炸并绕开继续前进。2 月 23 日，埃尼威托克环礁被美军攻克。美军对加罗林群岛西边的特鲁克岛首次进行雷达导航夜间轰炸。

一番炮舰轰炸之后，美国海军陆战队攻占该岛，岛上 3500 名日本守军大部分丧生。该岛一座战略地位非常重要的飞机场落入美军手中。日军增援威克岛或绕过环礁增兵的希望彻底破灭。

马里亚纳群岛

马里亚纳群岛是西太平洋上的一组多山岛屿，包括天宁岛、塞班岛和关岛。

马里亚纳群岛离日本南边仅 1200 英里（约 1900 千米），战略意义重大。占领了马里亚纳群岛，美军就有了一处可以进攻日本的空军基地。

美军的第一个目标是塞班岛。

1944 年 6 月 6 日，在诺曼底登陆成功的消息的鼓舞下，由 800 艘船和28 艘潜水艇组成的美军特遣部队离开马绍尔群岛的马久罗岛，定于 15 日登陆塞班岛。

塞班岛战役漫长而痛苦。美国海军陆战队在美军第二十七步兵师的帮助下，把日军逼进角落。7 月 7 日，大约 3000 名日军拼死进攻，但他们还是不可避免地在 24 小时内全军覆没。

7 月 10 日，塞班岛被攻克。

菲律宾海海战

塞班岛激战正酣的时候，海上爆发了第二次世界大战中航空母舰之间的最大战役。日本第一机动舰队在小泽治三郎中将的率领下对雷蒙德·斯普鲁恩斯（Raymond A. Spruance）上将领导的美国第五舰队发起进攻。

日军原本计划用其陆上飞机和潜艇摧毁美军三分之一的飞机，不料计划落空。日军共有 25 艘潜艇，其中 17 艘被美军击沉，此次行动专用的飞机跑道也被美军炸毁。

▲ 1942 年 10 月，美国 B-15 轰炸机飞越所罗门群岛上空的轰炸航路，为美军进攻新几内亚做准备。

最初，小泽治三郎占据优势，因为美军不知道他在哪里。可当他打破无线电静默，下达空袭命令的时候，美国舰队立刻派出大量的飞机前去阻止日军行动。日军共有 373 架飞机，只有 130 架幸存。后来，日军在关岛又损失 50 架飞机。这些空战被称为“马里亚纳射火鸡大赛”。与此同时，日军航空母舰“大凤”号和“翔鹤”号被美军鱼雷击沉。

接着，第五十八特遣舰队在马克・米切尔（Marc Mitscher）中将的指挥下追击日本舰队。美军发动了舰载飞机袭击，摧毁日军“飞鹰”号航空母舰，并重创另外两艘。由于缺乏燃料和天色昏暗，大约 80 架美军飞机在返航途中遇到困难，不过大多数机上人员都安全返回。此时，日军只剩下 35 架舰载飞机。

▲ 1944 年 6 月 19 日，美国“邦克山”号航空母舰差点被日军炮弹击中。

关　岛

7 月 21 日，特纳将军麾下的联合远征军第三陆战师和第一陆战旅从关岛的阿加特村和阿森海滩登陆，这两个地方分别位于欧洛特半岛的北边和南边。

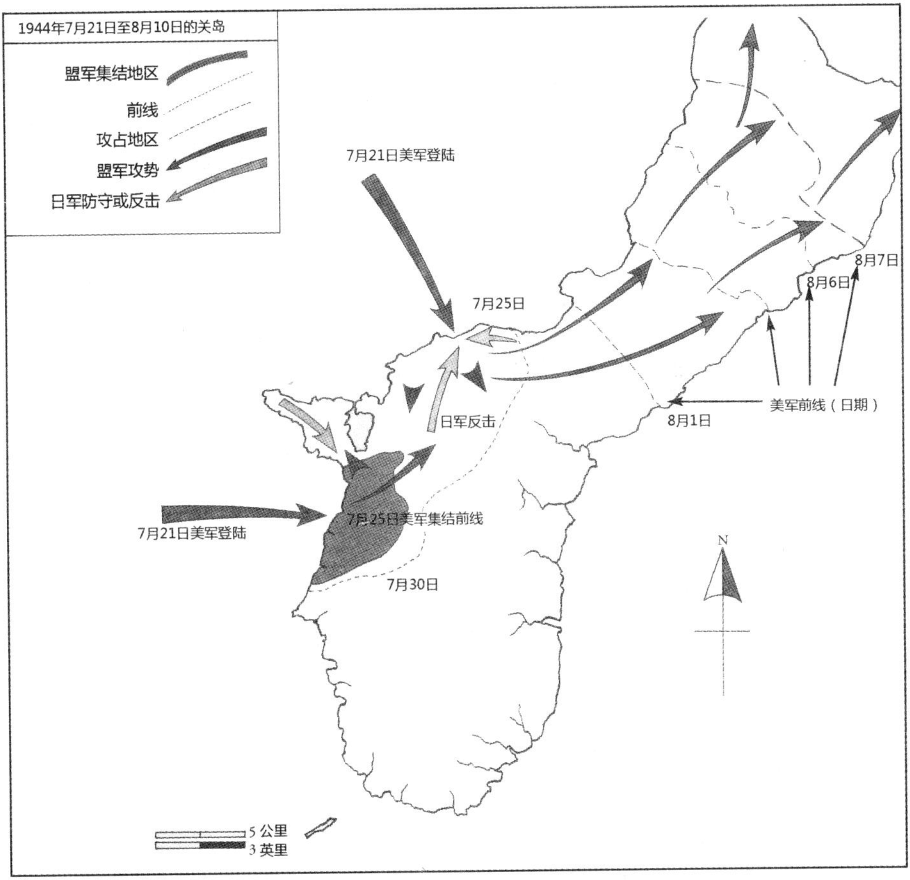

登陆马里亚纳群岛的关岛。

残酷的历史再次重演，相对容易的登陆过后，接下来便是与狂热日军的激烈鏖战，日军在岛上山坡和崎岖地带部署完毕，准备迎战。战斗后期是司空见惯的日军拼死进攻，18 000 名日本守军拼死抵抗。8 月 10 日，日军的抵抗才基本结束。

关岛的最后一名日本士兵躲进了关岛北部的崎岖地带，直到 1972 年才投降。此时，已是 28 年之后。

轰炸日本

美军迅速在马里亚纳群岛修建飞机跑道。

1945 年 2 月 4 日，波音 B-29 超级堡垒轰炸机向日本神户投下 160 吨燃烧弹。神户大多数建筑是木头建造的，房屋立刻被熊熊大火吞没。2 月 25 日，东京也遭到类似的对待，据统计，450 吨燃烧弹烧毁了 28 000 栋房屋。

3 月，轰炸机在低空飞行或者在夜间袭击，制造了和此前在德国城市发生的相似的火焰风暴。成千上万人丧生，幸存者惊恐万状。记者加藤满寿夫回想起侄子石川友一，他说石川友一“对日本战胜怀着不可动摇的信念。对他的小世界而言，天皇陛下的军队遭遇失败或者日本海军遭遇辉煌胜利之外的境遇，这都是不可想象的”。

“他家的房屋在 B-29 轰炸机空袭期间被夷为平地，他生平所熟悉的事物几乎毁坏殆尽，他心情沉重地对我说：‘我们打败不了 B-29

轰炸机。’”

石川友一病倒了，在第二次世界大战结束不久后死去，医生说他死于精神崩溃。

1945 年春天，空袭一直不间断。

东京沦为废墟之后，柯蒂斯·勒迈（Curtis Le May）少将把目光投向其他城市，美国空军经常空投传单，警告空袭即将发生，饥肠辘辘、日益绝望的日本民众士气愈发低落。

海底战争

除了攻击日本战舰之外，美国潜艇还打击运输物资的商船，夺取日本制造武器的原材料。1944 年年初，日本的商船运输了高达 410 万吨物资，这还不包括坦克。到年底，这个数字减少了一半以上。

同年 9 月，大约有 70 万吨的石油通过海路运到日本各地。4 个月后，这个数字降低到 20 万吨。

到 1945 年，抵达日本的石油物资几乎为零，严重削弱了日本经济和战争活动。

日本也有潜艇，不过其使用仅限于对澳大利亚和美国海岸发动袭击。后来，日本潜艇被用来往前线运送军队和物资，而不是打击敌人。

第二次世界大战期间，美国共有 288 艘潜艇，损失了 52 艘；日本共有 200 艘潜艇，损失了 128 艘。

1943 年 3 月 23 日，日本货船“通运丸”号沉没。这张是击沉该船的美国潜艇“瓦胡”号的潜望镜所拍摄的照片。

莱特湾战役

美军定于 1944 年 10 月 20 日进攻菲律宾。在早先的战争中，麦克阿瑟将军曾被赶出菲律宾，因此此次攻打菲律宾对他来说是一件复仇的痛快事。不过，首先必须攻占菲律宾附属岛屿帕劳群岛的贝里琉岛。

美军认为贝里琉岛防御薄弱。1944 年 9 月 12 日，美国海军陆战队登陆该岛，当时情况似乎的确如此，但等美军上岸后，日军展开了顽强的抵抗。一周后，美国海军陆战队第一师的战斗力量只剩下一半，海军陆战队第五师和第七师的伤亡人数超过原先登陆总人数的 40%。同时，约有 12 000 名日军死亡。值得一提的是，贝里琉岛只有 6 英里（约 9 千米）长、2 英里宽（约 3 千米），其战略价值存疑。

不过，美国的意图已经很明确。日本此时只剩下辉煌不再的舰队和空军幸存者。尽管如此，日军当时的目标仍是袭击美军向莱特岛运送士兵的舰队。为此，海军中将栗田健男率领的突击部队的一半士兵从北边接近目标区，另一半士兵则从南边进攻。与此同时，海军上将小泽征尔将率领另一支小型舰队引诱美军船只交战，将其引到远处，令其无法协助莱特岛的美军。此次行动被称为“胜利行动”。

日军此次行动失败，因为两艘美国潜艇在巴拉望通道发现了栗田健男的军队。栗田健男下令，让为了节省燃料而按照惯例呈“之”字形行进的日军船只停止前进。10 月 23 日凌晨，美军鱼雷击沉两艘日军重型巡洋舰，还严重破坏了另一艘重型巡洋舰。

锡布延海战役

10 月 24 日，第三十八特遣舰队（第三舰队）在锡布延海发现栗田的军队。美国飞机的首轮进攻受阻。

交战期间，日本旗舰“武藏”号和“大和”号遭到一系列鱼雷和炮弹袭击。轰炸继续进行，“武藏”号被 20 枚鱼雷和 15 发炮弹击中，受损严重，沉到海底。

栗田掉转航向，让美军飞行员误以为他准备退出战斗。

日军陆基轰炸机展开报复，击中“普林斯顿”号航空母舰，并重创 1 艘巡洋舰和 5 艘驱逐舰。小泽治三郎迅速行动，带领日本海军纵队佯装进攻，目的是把第三舰队从莱特岛引开。

哈尔西果然上钩了。此时的日军可以发动一次钳形攻势，一举摧毁莱特湾的美军，日军的炮口此刻都指向了海岸。

然而，10 月 24 日晚，日军一支特攻部队遇到 6 艘美国战舰、4 艘重型巡洋舰和 4 艘轻型巡洋舰，美军还有在苏里高海峡一字排开的驱逐舰做后盾。在接下来的战役中，日军指挥官西村尚治中将被击毙，旗舰“山城”号被击没，只有 2 艘船幸存。

栗田带领第二支日军，在夜幕的掩护下经由圣伯丁诺海峡进入菲律宾海。前方大约 15 英里（约 24 千米）停泊着盟军的 6 艘护航航空母舰。10 月 25 日凌晨，战事从萨马岛爆发。日军击沉了盟军的 2 艘护航航空母舰和 3 艘驱逐舰，盟军进行反击，栗田误以为进攻的盟军比实际多，于是撤退。如果他留下的话，他也许能够破坏太平洋战场迄今规模最大的两栖登陆行动。

哈尔西派了一支特遣部队回去，不过这支部队去得太迟，没有派上用场。但在随后的恩加莫角战役中，哈尔西击沉了 4 艘航母和 1 艘驱逐舰。

对美军而言，莱特湾战役大获全胜使得他们的海上优势得到保证，而一度标榜战无不胜的日本海军从此将不再有能力保护本土。

在岸上，10 月 20 日，美军开始进攻莱特岛。202 500 人的突击部队乘坐 500 艘船登陆莱特岛。4 天内，两座重要空军基地被攻克，不过跑道遭到了日军破坏，直到 12 月 3 日，海军陆战队的 F6F-3N 地狱猫战斗机才得以在该岛降落，为士兵们提供空中掩护。

▲ 1944 年 6 月 20 日，日本航空母舰“瑞鹤”号（中央）和两艘驱逐舰遭到美国海军舰载飞机的袭击。

▲ 10 月 25 日下午，正在沉没的航空母舰“瑞鹤”号上的人员。

与此同时，莱特岛的日本守军得到增援，从原先的 15 000 人变成 6 万人。美军行动又被季节性降雨耽搁。不过，日军并不能扭转战局，因为美军针对马尼拉运来物资展开的海上行动意味着日军的物资将很快耗尽。

早在 11 月中旬，日军指挥官山下就承认莱特岛已经失守，而且附近的较大岛屿吕宋岛也将很快失守，不过他的防御行动使美军进攻吕宋岛的日期推迟至 1 月 9 日。

美军从林加延前往吕宋岛——日军当初就是从林加延登陆的，遭到日军神风敢死队飞行员的自杀式袭击。

“神　风”

“kamikaze”一词译为“神风”，指的是 1274 年和 1281 年两次阻止元世祖忽必烈军队进攻日本的台风。

在太平洋战争中，神风敢死队把飞机和自己变成一种非常厉害的武器。他们的口号是“一架飞机，一艘战舰”。

当大西泷治郎得知一支庞大的美国海军舰队正赶往菲律宾的时候，他意识到，如果菲律宾失守的话，美军的下一站就是日本本土。

▲ 1945 年 5 月 11 日，“邦克山”号航空母舰在冲绳岛附近遭遇神风敢死队袭击，舰上士兵正在扑火。

在战争结束之前，日本飞行员有4000—7000人，大多数年龄在20—22岁，年龄最小的仅17岁。他们前去执行此次任务，有去无回。据盟军记载，这次神风敢死队行动摧毁了美军的34艘护航航空母舰，还有288艘战舰严重受损。盟军死亡人数超过3000名，受伤人数是死亡人数的两倍。

无论神风敢死队飞行员对此次任务的热情有多高，他们在起飞前仍被绑在座舱上并服下药物，目的是防止人类自我保护的自然本能发挥作用。这些飞行员希望为自己和家族带来“荣耀”。

每名飞行员脖子上系着一条白色围巾、头上系着一块让人想起武士阶层掌权时期的头巾，还有一块由1000名女性的头发缝制的布——这被认为是吉利的。

▲ 1945年1月，在林加延湾海滩，美军坦克从坦克登陆艇上驶向岸边。

最终，日本天皇的投降使幸存的神风飞行员从“决死”誓言中解脱出来。大西泷治郎自杀。

攻占莱特岛之后，民都洛岛也在几天内被美军攻克。

在攻打吕宋岛期间，美军一天之内有 16 艘船被神风敢死队摧毁。“澳大利亚”号巡洋舰在 4 天内被击中 5 次，不过仍能正常行驶。

美国海军在别处畅通无阻，于 1 月顺利从菲律宾进入中国南海。

吕宋岛的大批日军不仅遭到美军的攻击，还遭到冒着巨大风险参加解放战役的菲律宾游击队的攻击。此时，美军已经来不及阻止日军把美国战俘运往日本本土。战俘船遭到空袭。两艘战俘船被击沉，至少还有一艘战俘船被炮弹击中，受损严重，几十名原本被关在甲板下、生活条件恶劣的战俘不幸被炸死。

经过巷战，马尼拉的日军被彻底清除。1945 年 3 月 4 日，马尼拉被美军攻克，16 000 名日军丧生。美军又花了几个月时间清除菲律宾其他主要岛屿的日军。

直到 9 月 2 日，胜利的希望破灭很久之后，山下带领约 5 万名日军投降，此时所有的日本士兵都快饿死了。

硫磺岛和冲绳岛

美军的越岛作战战略继续实施，下一个目标是离东京仅 650 英里（约 1050 千米）的硫磺岛。硫磺岛上都是作战经验丰富的日本

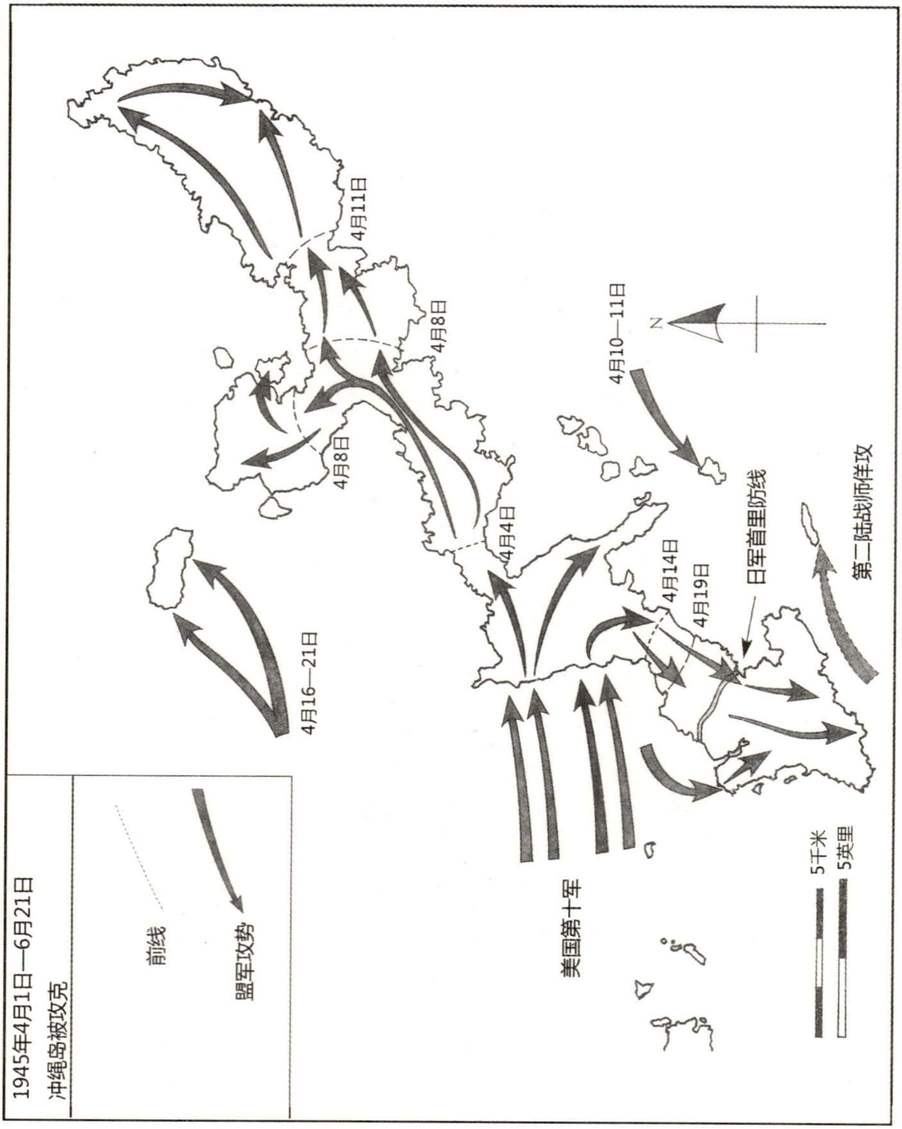
1945年4月1日—6月21日
冲绳岛被攻克
前线
盟军攻势
美国第十军
4月16—21日
4月8日
4月4日
4月8日
4月11日
4月10—11日
N
4月14日
4月19日
日军首里防线
第二陆战师佯攻
5千米
5英里

▲ 冲绳岛战斗。

士兵，奉命战斗到死。

日军援兵躲在松软的火山岩深处。其中一座火山岩迷宫深达 75 英尺（约 23 米），能容纳 2000 名士兵。日军配备有重型和中型火炮、重机枪和轻机枪，以及迫击炮和坦克。

▲ 1945 年 2 月 19 日，第四师的海军陆战队在硫磺岛海岸上。一艘美军战舰和水陆两栖车停在海滩上。

在美军攻打前的几个月，硫磺岛遭到舰载飞机和舰炮的轰炸，不过这对日本守军并没有产生什么影响。

1945 年 2 月 19 日早上，一支由美军第五舰队的 450 艘船组成的庞大舰队在硫磺岛外集合。482 艘各种各样的登陆艇将美国海军陆战队 8 个营的士兵运到岸上，第一批美军士兵大约在 9 时登陆。美军几乎畅通无阻，只在翻越第一处沙脊的时候遭到躲在山洞里的日军狙击手火力的阻拦。每名日军士兵奉命射杀 10 名美军士兵。

第一天，566 名美国海军陆战队士兵死亡或伤得奄奄一息。不过，这一天结束的时候，大约 3 万名美军士兵上岸，人数已经超过了岛上的日军。

不过海军陆战队仍然被困在一小块滩头阵地，日军火力不断。但是，很快日军发现自己不仅缺乏弹药，还缺乏淡水。

升　旗

2 月 23 日早上，第二营 E 连的海军陆战队士兵冒险爬上折钵山山顶。折钵山是一座海拔 550 英尺（约 168 米）的死火山，是硫磺岛最高的地方，然后升起一面小小的星条旗。

两小时后，山坡上的日军最终被清除。5 名海军陆战队士兵和 1 名海军医院医护兵，从一艘坦克登陆舰里拿出一面大约 8 英尺（约 2.4 米）长的美国国旗，并将这面国旗升了起来。这个著名的时刻被新闻摄影师乔·罗森塔尔（Joe Rosenthal）捕捉到，为他赢得了普利策摄影奖。

照片中一共 6 个人，其中 3 人死在硫磺岛。现在，一座关于这个场景的真人大小的雕像被作为战争纪念碑矗立在华盛顿。

接下来，海军陆战队士兵用火焰喷射器清除隧道和洞穴里的日军。截至 3 月 26 日美军占领硫磺岛，在此次战斗中大约有 2 万人战死，有千余名日军士兵被俘，6820 名美国海军陆战队士兵丧生，19 200 名士兵受伤。

▲ 美国海军陆战队士兵将星条旗插上折钵山的山顶。严格来说，这并不是首次“升旗”，而是摄影师乔·罗森塔尔的情景重演。这个场景成为太平洋战争美国胜利的标志性画面，但在日军投降之前，还将有更多的战斗。

▲ 大约 1945 年 5 月，一架日军神风敢死队飞机在一艘美国航空母舰上燃烧。

据硫磺岛退伍军人协会所说，第二次世界大战中阵亡的海军陆战队士兵约有三分之一死在了硫磺岛，因硫磺岛的战事共颁发了 27 枚国会荣誉勋章。

美军下一步是进军琉球群岛中的冲绳岛。1945 年 3 月 26 日，战事爆发，美军占领冲绳岛附近的小岛，作为此次进攻的前沿基地。4 月 1 日，美军对主岛展开两栖攻击，战斗一直持续到 6 月。

冲绳岛的一名日军士兵从地堡里走出来，向美军士兵投降。

此次行动是所有太平洋行动中调用船只数量最多的一次，有将近 1500 艘，盟军兵力接近 50 万人。虽然登陆行动几乎畅通无阻，但日军对美军舰队的自杀式袭击击沉了 25 艘战舰，并重创了 165 艘。

史上最大的战舰“大和”号奉命前去执行单程任务，准备搁浅在冲绳岛岸边，充当静态的炮台。由于缺少空中掩护，“大和”号在离目的地 200 英里（约 320 千米）的地方被击沉。

日本第三〇二军的 77 000 名士兵将美军拦截在首里防线，这条防线以附近的一座古堡命名。5 月底，日军撤退到更南边的阵地。不过美军仍受到顽固抵抗和恶劣天气条件的阻碍，催促日本守军投降的传单几乎没有发挥作用。

为了避免更多的人白白送命，美军要求日军投降，日守军牛岛满中将对此置若罔闻。6 月 21 日，他和参谋长自杀。大约 7400 名日军士兵投降，至少 11 万名日军士兵丧生，大量平民死亡。

对盟军来说，这是太平洋战争中代价最高的一次行动，美国陆军有 7203 人阵亡、31 807 人受伤；海军约有 5000 人阵亡，有同样数量的人受伤。

在冲绳岛战役中，日本海军全军覆没，7800 架日本飞机被摧毁，盟军则折损 763 架飞机。

日本本土此时门户大开，无力抵抗美国陆军航空队的持续空袭，将岛屿团团包围的英国和美国舰队可以随意炮轰日本。

第十三章

最后阶段

A Short History of World War II

▲ 1945 年 7 月，约瑟夫·斯大林元帅、温斯顿·丘吉尔首相和杜鲁门总统及一众手下在波茨坦围着会议桌商谈。

1945 年春天，500 万名盟军士兵参与了进攻日本本土的行动，盟军为此制订了周详的计划。盟军打算进攻日本九州，代号为“奥林匹克行动”，定于 1945 年 10 月 1 日起实施。

第二项行动被称为“小王冠行动”，计划在次年年初给日本最后一击。

欧洲战争的结束为执行此次任务提供了大量兵力。不过，在东南亚作战的英军和在菲律宾作战的美军仍然需要各种资源。

▲ 第二次世界大战期间，向日本广岛投下第一枚原子弹的美国 B-29 轰炸机，如今停在新墨西哥州罗斯维尔陆军机场。

空投“小男孩”

1945 年 8 月，代号为“小男孩”（Little Boy）的第一枚铀弹在旧金山被装上了“印第安纳波利斯”号军舰。

8 月 6 日，“中插板行动”迅速实施。

上午，一架代号为“艾诺拉·盖”号的美国空军 B-29 轰炸机运载着原子弹，在保罗·蒂贝茨（Paul W.Tibbets）上校的指挥下，从天宁岛起飞。几小时后，这种爆炸威力相当于 2 万吨 TNT 炸药的武器投向日本广岛。

机组成员乔治·卡洛（George Caron）描绘了看见致命蘑菇云在他身后形成的一幕：

> 像是一大堆不断冒泡的糖浆。蘑菇四散开来，有一两英里宽、半英里高，它变得越来越大，几乎和我们处于同一高度，然后不断爬升。蘑菇云很黑，不过略带紫色。蘑菇底部看起来像一大团掺杂着火焰的沉重密云。

战犯审判

1945 年 8 月，伦敦会议成立了国际军事法庭。国际军事法庭有权以三项罪名起诉罪犯：反和平罪——策划并发动侵略战争；危害人

投掷原子弹之后，盟军军官俯瞰日本广岛的废墟。

类罪——大屠杀、灭绝和驱逐；战争罪——违反战争法。

1945 年 10 月 18 日，国际军事法庭在柏林最高法院第一次开庭。此次起诉的对象是 24 名纳粹领导人和 6 个“犯罪组织”——希特勒内阁、纳粹党领导集团、党卫军、帝国保安部（秘密警察）、盖世太保、冲锋队，以及德军的总参谋部和最高指挥部。

1945 年 11 月 20 日，法庭移至纽伦堡正义宫。之所以选这里，是因为正义宫非常宽敞，有大约 80 间审判室和大约 530 间办公室。这里几乎没有遭受战争的破坏，还有一座附属的完好无损的大监狱。

主持法官是杰弗里·劳伦斯（Geoffrey Lawrence），后来换成特雷弗森和奥克西男爵（Baron Trevethin and Oaksey），遵照英美法律体系进行审判。在为时 218 天的审判中，一共引入了 360 名证人的证词，其中 236 名证人出庭做证。

以下所有的人被判处死刑，并于 1946 年 10 月 16 日凌晨在纽伦堡监狱的旧体育馆被绞死，他们是：

波兰总督汉斯·法郎克（Hans Frank）、内务部长威廉·弗利克（Wilhelm Frick）、希特勒的战略顾问阿尔弗雷德·约德尔（Alfred Jodl）、保安部头目恩斯特·卡尔滕布鲁纳（Ernst Kaltenbrunner）、陆军元帅威廉·凯特尔（Wilhelm Keitel）、外交部长约阿希姆·冯·里宾特洛甫、占领区部长阿尔弗雷德·罗森堡（Alfred Rosenberg）、另一名劳工组织者弗里茨·绍克尔（Fritz Sauckel）、反犹太主义宣传者兼法兰克尼亚省省长尤利乌斯·施特莱彻（Julius Streicher），以及德国驻荷兰占领区长官阿图尔·赛斯-英夸特。

这些人的尸体在慕尼黑被火化，骨灰被撒入伊萨尔河河口。

清　算

德国空军总司令赫尔曼·戈林也被判处死刑，不过他在临刑前自杀身亡。纳粹党组织者马丁·鲍曼缺席庭审，但也被判处死刑，1972 年在柏林挖掘出两具尸体，其中一具被鉴定为是他的，于是他被正式宣布死亡。

经济事务部长兼德国中央银行行长瓦尔特·冯克（Walter Funk）被判处无期徒刑，1957 年他因病被释放，死于 1960 年。海军总司令埃里希・雷德尔（Erich Raeder）被判处无期徒刑，于 1955 年因病被释放，死于 1960 年。希特勒的副手，1941 年戏剧性逃往苏格兰的鲁道夫・赫斯（Rudolf Hess），也被判处无期徒刑。他于 1987 年在柏林施潘道监狱自杀身亡，其他在纽伦堡审判的囚犯也被关在这里。

海军元帅兼希特勒继任者的卡尔・邓尼茨被判 10 年有期徒刑。他于 1956 年被释放，死于 1980 年。军备和军工部长艾伯特・斯皮尔（Albert Speer）被判 20 年有期徒刑。他于 1966 年被释放，死于 1981 年。青年部负责人兼维也纳省省长巴尔杜尔・冯・席拉赫（Baldur von Schirach）也被判 20 年有期徒刑。他于 1966 年被释放，死于 1974 年。波希米亚和摩拉维亚总督康斯坦丁・冯・纽赖特（Konstantin von Neurath）被判 15 年有期徒刑。他于 1954 年因病被释放，死于 1956 年。

宣传部新闻司司长汉斯・弗里切（Hans Fritzsche）基本上是此时已自杀身亡的戈培尔的替身，他被判无罪，但在随后的去纳粹化过程中，他被判 9 年有期徒刑。他于 1950 年被释放，死于 1953 年。希特勒第一届内阁副总理弗朗茨・冯・帕彭（Franz von Papen）被判无罪。在去纳粹化过程中，他被判 8 年有期徒刑。他于 1949 年被释放，死于 1969 年。

民族社会主义德意志工人党（纳粹党）、党卫军、帝国保安部和盖世太保的领导集团也被判有罪。

国际军事法庭原本计划再次开庭，不料冷战开始，各参与国之间无法继续合作。

在法国、英国、美国和苏联各自的占领区，更多的军事法庭开庭审判战犯。美国法庭在纽伦堡开庭，1946 年 12 月 9 日，对 23 名德国医生提起诉讼，这些医生被指控参与纳粹“安乐死”项目谋杀心志不健全者，以及在集中营囚犯身上进行医学实验。

审判持续了 140 天。85 名证人出庭，1500 份文件被提交作为证据。其中 16 名医生被判有罪，7 名医生被判死刑并于 1948 年 6 月 2 日执行。

在纽伦堡接下来的 12 次审讯中，175 名德国人被判刑。共计 1 万名德国人被判刑，250 人被判处死刑。

1945 年 7 月发表的《波茨坦公告》也呼吁审判那些“欺骗和误导”日本人民参战的人。

作为占领区指挥官，道格拉斯·麦克阿瑟将军逮捕了 39 名嫌疑犯，其中大部分是东条英机战争内阁的成员。

庄严的审判

1946 年 1 月 19 日，远东国际军事法庭成立，共有 11 名法官。澳大利亚人威廉·韦伯爵士（Sir William Webb）担任法官团主席，美国首席检察官助理约瑟夫·季南（Joseph Keenan）担任首席检察官。

1946 年 5 月 3 日，东京审判开始，并持续了两年半。

1948 年 11 月 4 日，7 人被判死刑，16 人被判无期徒刑，2 人被判有期徒刑。2 人在审判期间去世，1 人精神失常。